Vorbemerkung

In diesem Abschlußband sollen die Schüler die Erde als Arbeits- und Lebensstätte der Völker sehen lernen. Die Darstellung der Landschaftsgürtel soll Ordnung in die Vorstellungen von der Mannigfaltigkeit der Naturausstattung unserer Erde bringen. Die Anordnung der Vegetations- und Landschaftszonen soll erfaßt und Gegensätze der West- und Ostseiten der Kontinente sollen erkannt werden. Das am Anfang des Buches stehende Klimakapitel soll dazu dienen, die Ordnung der Landschaftsgürtel in ihrer Kausalität zu durchschauen. Wir verzichten dabei bewußt auf eine ausführliche wissenschaftliche Begründung der einzelnen klimatologischen Erscheinungen.

Die anschließenden Kapitel stellen hochindustrialisierte Länder der Nordhalbkugel ausgewählten Entwicklungsländern gegenüber, die erst am Anfang der Industrialisierung und der Verflechtung mit der Weltwirtschaft stehen.

Der Band schließt mit einer Betrachtung Deutschlands, das als Beispiel für ein kleinräumiges, mit dem Weltmarkt aufs engste verflochtenes europäisches Industrieland dient. Der Abschnitt beschränkt sich auf ausgewählte Fragen zur Gesellschaft, Wirtschaft, Siedlung sowie zur politischen Gliederung und Verwaltungsordnung. Die angeschnittenen Fragen sollen den Schülern helfen, sich bei der Diskussion um die gegenwärtigen und künftigen Fragen ein eigenes Urteil zu bilden; das Ziel ist nicht die Kenntnis der Vergangenheit, sondern Einsicht in die Entwicklung der kommenden Jahrzehnte. — Immer wieder wird auf die vorangehenden Abschnitte verwiesen, so daß Deutschland nicht isoliert, sondern in seiner Verflechtung mit der übrigen Welt erscheint.

Zahlreiche Tabellen, Diagramme, Kartogramme und Bilder begleiten den Text. Sie sind nicht Illustrationen, sondern Arbeitsmaterial. Die Schüler sollen ständig mit solchen Darstellungsmitteln umgehen und in ihnen Probleme und Fragestellungen erkennen. Um das zu erleichtern, werden die meisten Darstellungen durch Aufgaben erschlossen. Natürlich kann man auch mit anderen Fragen an das Material herangehen — die Schüler sollen selbst solche Fragen finden. Die Aufgaben am Anfang der Textabschnitte hingegen sollen den Schüler zwingen, länderkundliche Fakten zu wiederholen und den Atlas genau zu studieren.

Wir warnen ausdrücklich davor, alle Schüler alle Aufgaben lösen zu lassen, sondern empfehlen, die Aufgaben an kleine Schülergruppen zu verteilen. Diese sollen in der Klasse über das Ergebnis berichten. Das Erarbeiten ist oft wichtiger als das Ergebnis.

Das Lehrerheft geht kapitelweise und innerhalb der Kapitel seitenweise vor. Die Angabe der Buchseite findet man am Rande der Lehrerheftseiten. Größeren Abschnitten werden Überlegungen über das Ziel des Textes und über die Möglichkeiten des Einstiegs vorangestellt.

Das Heft gibt die Lösung der Aufgaben und erschließt die Bilder über die Legenden hinaus. Ferner macht es zusätzliche Vorschläge zur Arbeit mit den Tabellen, Kartogrammen und Diagrammen.

Das Lehrerheft soll dem Lehrer die Vorbereitung erleichtern und ihn davor bewahren, zuviel Zeit mit dem Lösen der Aufgaben zu verbringen. Wir hoffen, daß er so den Blick für die Unterrichtsreihe offen behält und daß das Arbeiten mit unserem Unterrichtswerk durch das vorliegende Lehrerheft erleichtert wird.

1

I – 4693

Ziel: Die knappe Darstellung der Klimavorgänge soll in erster Linie dem Schüler den Einblick und die Überschau vermitteln, die er benötigt, um die Auswirkungen des Klimas auf die Prägung der Landschaftsgürtel und auf die Gestaltung der wirtschaftlichen, sozialen und politischen Strukturen der Erde zu ermessen.
Einstieg: Am besten wohl aktuell anhand des letzten Wetterberichts (Wetterkarte o.ä.), der Angaben über Temperatur, Luftdruck und Winde liefert.
Dazu sollten einige physikalische und mathematische Grundbegriffe, die für die Klimakunde unentbehrlich sind, geklärt werden:

Z.B.: Sonnenhöhe s.S. 5 unten (Kleindruck).
Zenitstand der Sonne: Mittagshöhe der Sonne = 90° = senkrechter Sonnenstand. Die Sonne steht an jedem Ort zwischen den Wendekreisen zweimal im Jahre, an jedem Ort auf den Wendekreisen einmal und an allen übrigen Orten niemals im Zenit.
Isothermen: Verbindungslinien zwischen Orten gleicher Temperatur.
Spezifische Wärme: Wärmemenge, die nötig ist, um 1 cm³ eines Stoffes von 16½° auf 17½° zu erwärmen.

5 Das Diagramm gibt anschaulich die verschiedenen Sonnenhöchststände an, so daß jeder Schüler sowohl die Mittagshöhen der Sonne in verschiedenen Breiten als auch ihre Veränderungen während eines Jahres auf einem Breitenkreis bestimmen kann. Vorstellungsschwachen Schülern muß vielleicht verdeutlicht werden, worin die Darstellung des Diagramms von der Wirklichkeit abweicht, um die angestrebte Klärung auf den gezeigten fünf Breiten und an den 3 entscheidenden Zeitpunkten des Jahres auf knappem Raum zeichnerisch zu erreichen:

1. Schnitt durch den Erdquadranten vom Äquator bis in Polnähe (80° N) hier nicht als entsprechender Kreisbogen abgebildet, sondern gerade gestreckt.
2. Dadurch fallen die Sonnenstrahlen eines Zeitpunktes auf der Zeichnung nicht parallel ein – im Gegensatz zu der für das Klimageschehen und die Zeitrechnung auf der Erde wesentlichen Grundtatsache.
Lösungen:
1. h = 90° – 0° – 23° = 67°
2. h = 90° – 50° + 23° = 63°
Folgerung: Die Mittagshöhen sind fast gleich.
3. h = 90° – 23° – 23° = 44°
   h = 90° – 60° + 23° = 53°

Folgerung: a) Die Mittagshöhe der Sonne wird mit wachsender Breite geringer. b) Die Mittagshöhe der Sonne ist am 21.6. in 60° N größer als am südlichen Wendekreis zur gleichen Zeit.
Bemerkung: Der Lehrer, der sich mit der Berechnung der Einfallswinkel nicht aufhalten will, kann sie aus der Zeichnung auch einfach ablesen lassen. Für die Berechnung gilt die Formel:
h = 90° – φ + δ, also Mittagshöhe = Zenitstand (90°) – geographischer Breite ± Deklination (Schiefe der Ekliptik bei der Erde = 23°).
4. Die Tageslängen betragen nach DI 166
am Äquator   12 Std.

in 16°44′	13 Std.	in 58°27′	18 Std.
in 30°48′	14 Std.	in 63°23′	20 Std.
in 41°24′	15 Std.	in 69°57′	60 Tage
in 49° 3′	16 Std.	in 78°58′	120 Tage
in 54°31′	17 Std.	in 90° 0′	180 Tage

6 Erläuterung zum Diagramm und zum Text S. 7: Troposphäre: Untere Schicht der Atmosphäre bis 10 km Höhe. Vgl. 466 vorderer Vorsatz 3 und 0506 S. 178
Frontalzone: vgl. S. 13/14

Luftdruck: Druck der Luft auf die Erdoberfläche oder einen Körper; gemessen durch das Gewicht einer Quecksilbersäule von 1 cm² Querschnitt und 760 mm Länge = Normaldruck = 1013 mb (Millibar). Ist der Luftdruck höher, (tiefer) als 1013 mb, dann spricht man von hohem (tiefem) Luftdruck.
Isobaren: Verbindungslinien zwischen Orten gleichen Luftdruckes.

8   Diagramm: Hier sollen die Schüler die absteigende (aufsteigende) Luft in einem Hoch (Tief) verfolgen und erkennen, daß die Luft nach allen Seiten aus einem Hoch hinaus und von allen Seiten in ein Tief hinein strömt. Letzteres hat wohl jeder Schüler einmal im Herbst an einer zugigen Straßenecke beobachtet, wenn der Wind welke Blätter wie in einem sich nach oben verjüngenden Trichter hochwirbelt. Bild einer Windhose zur weiteren Veranschaulichung.
Ablenkung der Winde durch die Erdrotation = Kräfteparallelogramm.

Die planetarischen Winde   9 – 15

9   Die planetarischen Winde werden ursächlich an erster Stelle durch die Stellung der Erde zur Sonne (daher ihr Name), lokale Winde durch örtliche Einflüsse der Erdoberfläche hervorgerufen.
Zum Thema: Die Passate sind schon auf der Mittelstufe Thema des Erdkundeunterrichs. Hier wird es vertieft und dadurch für die Schüler zugleich realistischer und umfassender. Eine Hilfe hierfür sind die S. 5 – 8 erarbeiteten Vorstellungen über: thermische und dynamische Hochs und Tiefs, Hochdruckgürtel und Tiefdruckgürtel und die Ablenkung der Winde durch die Erdrotation.
Einstieg: Atlaskarte DI 153 I und II, LS 153 I und II, die doppelseitige Karte im Vorsatz des Buches und die Diagramme S. 9 und 10.
Die Lage der Hochs und Tiefs im Sommer und Winter, der durch die Anhäufung dynamischer Antizyklonen bedingte Roßbreitengürtel sowie die durch nach links ausscherende dynamische Zyklonen entstehende subpolare Tiefdruckfurche werden auf den Karten festgestellt.
Aus der Lage der Hoch- und Tiefdruckgürtel schließen die Schüler auf die vorherrschenden Windrichtungen. Der nachfolgende Vergleich mit der Atlaskarte macht die schon bekannten Ablenkungen (Ursache: Drehung der Erde) ersichtlich.

/10   Beide Zeichnungen zeigen deutlich das Herausströmen des Urpassates sowie der (bodennahen) NO- und SO-Passate aus dem Roßbreitengürtel zu der Tiefdruckzone am Äquator (s. Text S. 9).

9   Das Diagramm zeigt zudem, daß die aus den polaren Hochs und den Roßbreitenhochs ausströmenden Winde den Windgesetzen entsprechend Ostwinde werden, wenn sie äquatorwärts wehen und daß die polwärts wehenden Winde Westwinde werden.

10   Das Diagramm zeigt die Einbettung: 1. des Passatgürtels in die planetaren Westwinde, 2. des äquatorialen Westwindes – zudem die anderen wesentlichen und im Text dargestellten Begleitvorgänge. Die Grenzflächen der Windströmungen sind durch Kontrastfarben herausgehoben.

Wanderung des tropischen Windsystems   11

Einstieg: Vergleich der Atlaskarten DI 156 I und II und der Doppelkarte des Buches S. 16.

16   Lösung der Aufgaben zur Doppelkarte:
1. Ein schmaler Streifen Afrikas am Äquator (das ostafrikanische Hochland ausgenommen) erhält während des ganzen Jahres Niederschläge, weil hier die Sonne ständig mittags sehr hoch am Himmel steht.
2. Betrachten Sie dazu Diagramm S. 21. Dieses läßt erkennen, daß die Regenzeiten mit den Zenitständen der Sonne zwischen rund 20° N und S im Lauf eines Jahres hin und her pendelt. Daher liegen die Regenzeiten der Nordhalbkugel im Nordsommer, die der Südhalbkugel im Südsommer.

3. Die ständige Trockenheit der Sahara folgt aus ihrer Lage im nördlichen Hochdruckgürtel der Roßbreiten, dessen geringe absolute Feuchtigkeit hier wegen der großen O-W-Ausdehnung der Landmassen voll zur Wirkung kommt. Auch die Trockenheit der Namib entspringt der Lage im Roßbreitengürtel. Die Trockenheit wird hier dadurch zusätzlich verstärkt, daß

a) die Ostwinde zugleich als Fallwinde entwickelt sind,

b) der kalte Benguela-Strom an der Küste, entsprechend dem Kanaren-Strom an der Westküste der Sahara, sich auswirkt.

Der Monsun   11

Die Behandlung des Monsuns verlangt eine gründliche Auswertung der Atlaskarten (z.B. DI 153 I und II). Dabei ist es zweckmäßig (s. Abschnitt 1 des Textes), wegen der einfacheren und beim Passat bereits behandelten Luftdruckverhältnisse mit dem Wintermonsun zu beginnen.

11   Diagramm im Zusammenhang mit dem Text S. 12. Zu den Aufgaben:
1. Beschreiben des Weges nach den Kriterien:

a) Richtung und Richtungsänderung – b) Reliefeinwirkung – Luv und Lee – c) Änderungen im Feuchtigkeitsgehalt (ausgedrückt durch blaue und gelbe Farbe).

2. Über Nordafrika wird der NO-Passat durch den Luftdruckunterschied zwischen dem Roßbreitengürtel und der ITC hervorgerufen. Da über Nordasien der Hochdruckgürtel im Sommer fehlt und Hochasien den Subkontinent Indien vor kühler Luft aus dem N abschirmt, wird in den unteren Luftschichten durch den niederen Druck der ITC nur Luft aus dem S angesaugt, das ist hier der auf die nördliche Halbkugel übertretende SO-Passat, der entsprechend den Windregeln auf der Nordhalbkugel zum SW-Wind wird.
3. Der SW-Monsun bringt den Westghats, dem östlichen Himalaya und Hindostan so große Niederschläge, daß tropischer Regenwald wachsen kann. Die Fallwinde jenseits der Westghats, im Indusland und in der Wüste Tharr werden mit fortschreitendem Wege immer trockener: im Dekkan und am Indus wird das Land zum Teil bei künstlicher Bewässerung genutzt, die Tharr ist wüstenhaft.
4. Entscheidend für die N-Grenze des Sommermonsuns ist die Hochgebirgskette des Himalaya.

Die außertropischen planetarischen Winde   13

13   Erläuterungen zum Text: Sahara-Hoch = Roßbreitenhoch; Ektropisch = Außertropisch; Stratosphäre = Luftraum über der Troposphäre; zwischen Tropo- und Stratosphäre liegt als Übergangszone die Tropopause. (Vgl. Höhenschnitt „Die Lufthülle der Erde" im Band 466 vorderer Vorsatz 3; im Bd. 0506 S. 178).
Anmerkung des Verlages: Der Höhenschnitt ist als Wandtafel in unserer Abteilung te Neues Lehrmittel unter der Bestellnummer tN 14202 erhältlich. Das Beiheft bietet zusätzlich eine ausführliche wissenschaftliche Erläuterung.

14/   Zeichnungen:
15   1. Welchem Stadium der Darstellung S. 14 entspricht der Schnitt S. 15? – Zwischen c und e.
2. Zwischen 16 und 18 Uhr springt auf dem Schnitt S. 15 der Wind um: a) aus welcher in welche Richtung? – von SW nach NW. b) Warum springt er um? – Eintreffen der Kaltfront.

Vergleich der Karte DI 153 III mit den Luftdruckkarten I und II dieser Seite zeigt, daß sich an immer wieder den gleichen Stellen der Erde Fronten bilden.

Die Landschaftsgürtel der Erde   16 – 43

Ziel: Das Kapitel über die Landschaftsgürtel soll dem Schüler ein großräumiges Ordnungsgefüge der Erde vor Augen stellen und bewußt machen, das die länderkundlichen Themen der Vorjahre schon häufig anvisiert aber nicht geschlossen dargestellt haben. Als Unterbau dient ihm in diesem Band das vorangestellte Klimakapitel, auf dessen Ergebnisse häufig zurückgegriffen werden muß. Es dient seinerseits den folgenden Länder- und Großraumdarstellungen, die den Schwerpunkt des Bandes bilden und in diesem Kapitel über die Landschaftsgürtel wesentliche Verständnisgrundlagen erhalten. Während für das Klimakapitel vor allem Diagramme und Karten als didaktische Hilfen empfohlen wurden, stellt das Lehrerheft für die Arbeit am Thema: „Landschaftsgürtel" zusätzlich zu dem, was Lehrbuch und Atlas bieten, 2 besondere Hilfen bereit:
1. Tabellen für 27 ausgewählte Klimadiagramme. Sie lassen sich z.B. durch einzelne Schüler leicht an der Wandtafel, auf der Gummirolltafel oder einfach auf Packpapier in die Diagrammform bringen und stehen dann als ein bewährtes Einstiegprogramm zur Verfügung. Besonders nützlich werden diese Diagramme dann sein, wenn man:

a) die einmal (etwa auf Papier) gefertigten Zeichnungen aufhebt und für Vergleiche zur Hand behält. – b) auf den Diagrammen außer Temperatur- und Niederschlagskurven auch die Wachstumszeiten (z.B. Kälte-, Dürre-, Vegetationszeit) darstellt – etwa nach dem Muster, das die Bände 2–4 auf dem Vorsatzblatt erläutern.

Als 2. Möglichkeit für den Einstieg bieten sich die Farbbilder des Lehrbuchs an, allein für sich oder in Kombination mit Klimadiagrammen.

Die einleitenden Aufgaben der Einzelabschnitte lassen das selbständige Arbeiten der Schüler mit den verschiedenen Kartentypen des Atlas üben, greifen auf Themen des länderkundlichen Durchgangs der Unter- und Mittelstufe zurück und dienen der Festigung konkret-räumlicher Vorstellungen und eines topographischen Grundwissens.

1. Tabellen als Grundlage für Klimadiagramme
Bei jeder Station ist die Breitenlage und die Meereshöhe angegeben. In der ersten Zeile stehen die monatlichen Durchschnittstemperaturen – am Schluß die Jahresdurchschnittstemperatur, in der zweiten die monatlichen Durchschnittsniederschläge – am Schluß der durchschnittliche Jahresniederschlag in mm.

A. Tropische Regenwälder

1. Debundscha	26	27	26	24	23	23	23	24	25	26	27	26	25
4°N 10m	191	287	412	404	617	1310	1501	1384	1415	1105	574	292	9497
2. Tschibinda	16	16	16	16	16	15	15	15	16	16	16	16	16
2°S 2115m	188	191	196	257	160	66	28	56	152	244	180	203	1920
3. Colombo	26	26	27	28	28	27	27	27	27	27	26	26	27
6°54'N 7m	102	56	124	226	387	229	152	66	178	338	312	142	2306
4. Manaus (Bras.)	26	26	26	26	26	26	27	27	28	28	28	27	27
3°8'S 45m	262	249	274	277	201	112	69	38	61	119	155	226	1999

Stationen: 1. Küste am Westfluß des Kamerunberges, 2. Kongo, Bergland westl. Kiwasee, 3. Ceylon. Küste: 1,3; Binnenland: 2,4; Tiefland: 1,3,4; Bergland: 2.

B. Savannen

	J	F	M	A	M	J	J	A	S	O	N	D	
5. Djuba (Sudan)	29	29	29	29	27	27	26	26	27	27	28	28	28
4°55'N 460 m	5	15	33	122	150	135	122	132	107	94	36	18	963
6. Sinder (Niger)	22	25	29	33	34	32	28	27	29	31	27	24	28
14°N 500 m	–	–	3	–	18	96	163	213	84	3	–	–	594
7. Ciudad Bolivar	26	27	28	29	29	28	27	28	28	28	28	27	28
8°N 37 m	13	10	5	25	83	140	165	160	100	88	88	50	925

Stationen: 5. am oberen Nil; 7. Venezuela; alle im Binnenland; Feuchtsavanne: 5,7; Trockensavanne: 6.

C. Wüsten

	J	F	M	A	M	J	J	A	S	O	N	D	
8. Iquique (Chile)	21	22	23	19	18	18	17	17	18	19	20	20	19
20°12'S 10 m	–	–	–	–	–	–	–	–	–	–	–	–	5
9. Assuan (Ägypt.)	15	17	20	25	30	33	35	33	31	26	21	16	27
24°2'N 110 m	–	–	–	–	–	–	–	–	–	–	–	–	0
10. Kaschgar	−5	−1	8	16	21	25	27	26	21	14	5	−3	13
39°24'N 1230m	8	–	5	5	20	10	8	18	8	–	–	5	80

Stationen: 10. Sinkiang-China; Wendekreis-, Passatwüsten: 8,9; Kontinentale Wüsten der Mittelbreiten: 10; Küstenwüste: 8.

D. Tropische Monsunländer

	J	F	M	A	M	J	J	A	S	O	N	D	
11. Goa	25	23	25	26	27	28	26	25	25	26	26	25	26
15°38'N 22 m	10	2	5	22	56	780	852	445	228	102	35	8	2545
12. Haidarabad	21	21	25	28	30	31	27	26	25	25	22	20	24
17°21'N 529 m	15	13	21	28	36	102	151	158	177	81	42	22	846
13. Darjeeling	4	6	10	13	14	16	16	16	15	13	9	16	12
26°58'N 2248m	13	28	46	99	221	632	820	663	467	114	20	5	3132

Stationen: 11., 12., 13. und auch 1.: Indische Union. – 1., 11., 13.: Luv, 12.: Lee.

E. Subtropische Winterregengebiete

	J	F	M	A	M	J	J	A	S	O	N	D	
14. San Francisco	10	12	12	13	14	15	15	15	16	16	14	11	13
37°N 47 m	112	102	76	28	15	5	3	3	10	23	53	91	513
15. Palermo (Ital.)	10	11	13	15	18	22	24	25	23	19	15	12	17
38°N 70 m	99	84	70	66	34	16	8	14	37	98	99	115	747
16. Perth (Austral.)	23	22	22	19	16	14	13	13	14	16	19	12	18
31°S 59 m	8	10	20	43	130	180	170	143	86	56	20	15	881

Stationen: 14. USA. Alle liegen an der Küste.

F. Subtropische Sommerregengebiete

	J	F	M	A	M	J	J	A	S	O	N	D	
17. Harbin (China)	−18	−14	−4	6	14	19	23	21	14	4	−6	−16	4
45°40'N 158 m	3	5	10	23	43	97	114	104	46	33	8	5	490
18. Peking (China)	−4	−2	6	13	21	24	27	25	21	13	4	−2	12
39°54'N 40 m	3	5	5	15	38	36	211	155	64	18	8	3	612
19. Tokio (Japan)	4	4	7	13	17	20	24	26	22	16	11	6	14
35°42'N 6 m	56	66	112	132	152	163	140	163	226	191	104	56	1560
20. Hongkong	16	15	17	21	25	27	28	28	27	24	21	17	22
22°18'N 33 m	33	46	69	135	305	401	356	371	246	130	43	28	2162

Stationen: Küste: 19,20; Binnenland: 17,18.

G. Grasländer der Mittelbreiten

21. Omaha USA)	−6	−3	3	11	17	22	25	24	19	12	4	−3	11
41°30′N 331 m	18	23	30	51	76	100	79	81	86	48	33	23	648
22. Ankara (Türk.)	−1	1	6	11	16	19	23	23	18	13	8	2	12
40°N 837 m	18	23	25	23	46	25	8	10	10	10	18	41	257
23. Semipalatinsk													
(Sowjetunion)	−16	−16	−10	3	14	20	22	20	13	4	−6	−13	3
51°N 179 m	20	13	12	15	25	43	31	20	16	29	27	22	279

Stationen: alle im Binnenland.

H. Waldländer der Mittelbreiten

24. Berlin	−1	0	3	8	13	16	18	17	14	8	4	1	8
52°30′N 57 m	49	33	37	42	49	58	80	57	48	43	42	49	587
25. Irkutsk (SU)	−21	−18	−9	1	8	14	18	15	8	1	−11	−18	−1
52°20′N 459 m	13	10	8	15	33	56	79	71	43	18	15	15	379

Stationen: Beide liegen auf gleicher Breite! Sommergrüner Laub- und Mischwald: 24; Nördlicher Nadelwald (Taiga): 25.

I. Subpolare und polare Gebiete

26. Ramah	−21	−21	−16	−7	0	4	8	8	4	−1	−7	−16	−5
59°N 3 m	23	32	32	62	29	51	52	64	71	70	74	49	609
27. Wostok	−31	−45	−57	−64	−62	−68	−65	−72	−66	−61	−43	−33	−56
72°27′S 3420 m	?	?	?	3	5	5	6	7	16	9	3	?	100?

Stationen: 26. Ostküste Nordlabrador, Tundra; 27. Ostantarktis, äußerstes Kälteextrem der Erde.

Die tropischen Regenwälder   16 − 20

Einstieg: 1. Die Klimadiagramme Nr. 1−4 des Lehrerheftes.
2. Erschließung der Bildleiste S. 17.
1. Der tropische Regenwald wird überall als fast undurchdringlich und dicht verwachsen geschildert. Warum kann man hier in den Wald hineinsehen? − Der dichte Uferwald in der Krümmung des Flusses frisch gerodet, desgleichen der verfilzte Unterwuchs noch weiter ein Stück in den Wald hinein, soweit man das helle Grün der Bananenstauden und anderer hoher Stauden sieht.
2. Was ist an diesem Wald anders, als wir es von deutschen Wäldern kennen? − Die Baumstämme sind meist überaus schlank, hoch aufgeschossen, die Kronen ineinandergewachsen, nur Laubbäume gibt es.
3. Der Fluß ist der beste Verkehrsweg und bietet Fischnahrung, seine Ufer sind daher bevorzugte Siedlungsplätze; Rechteckhütten, vom Baustoff abhängig: Baumstämme, Blockwerk- und Flechtmattenbau (luftdurchlässig).
4. Vgl. die Farbe des Flußwassers hier und auf Bild S. 18. − Hier Schwarzwasser-, S. 18 Trübwasserfluß: Grundtypen der Flüsse tropischer Regenwälder.
5. Brettwurzeln stützen gleich Strebepfeilern (im Ansatz bei uns an hohen Pyramidenpappeln entwickelt) die Urwaldriesen, die mit ihren Kronen über die Laubmasse hinausragen und dort, im Gegensatz zu den verfilzten und sich gegenseitig abstützenden Kronen der Unterschichten, dem Wind ausgesetzt sind.
6. Stelzwurzeln entstehen häufig aus kleinen Bäumen, die auf einem gestürzten Baumstamm keimten und ihre Wurzeln nach dessen Vermodern tiefer in den Erdboden senken.
7. Luftwurzeln hängen (mitunter dicht beieinander wie ein Vorhang) tauartig meist von Aufsitzerpflanzen herab, sammeln Feuchtigkeit aus der Luft oder dringen auch in den Boden ein, um die Pflanze von dort aus mit Wasser zu versorgen.

16   Lösungen der Diagramme: unter dem Abschnitt: „Wanderung des tropischen Windsystems" im Lehrerheft.

Zur Motivation der Einleitungsaufgaben siehe letzter Absatz der das Kapitel einleitenden Bemerkungen: 1. Arbeitsmittel: DI 154 FL100, 128; es genügt, die größte und die kleinste Entfernung vom Äquator anzugeben.

Gebiet		Entfernung vom Äquator		Bemerkungen
		größte	kleinste	
Südamerika	N	ca 10°	ca 4°	
	S	ca 17°	ca 4°	nicht im Hochgebirge
Afrika	N	ca 10°	ca 5°	nicht in Ostafrika
	S	ca 5°	ca 2°	
Asien	N	ca 28°	ca 2°	
	S	ca 12°	ca 0°	

2. Jeweils nur die allerwichtigsten Objekte:

Staaten in Amerika:	Brasilien, Kolumbien, Guayana, Ecuador
Staaten in Afrika:	Liberia, Elfenbeinküste, Ghana, Nigeria, Kongo
Staaten in Asien:	Indonesien, Malaysia, Philippinen, Vietnam, Thailand, Ceylon, Ind. Union, Pakistan
Ströme in Amerika:	Amazonas
Ströme in Afrika:	Kongo
Ströme in Asien:	Irawadi, Mekong

In Südamerika ist das Gebiet des Regenwaldes etwa doppelt so groß wie in Afrika; in Asien fehlen so große zusammenhängende Regenwaldgebiete, wie sie Afrika und Amerika besitzen.

21   3. Aus dem Diagramm S. 21 ergibt sich eine deutliche breitenparallele Zonengliederung, deren Achse etwa mit 2° N zusammenfällt. Zwischen 2° S und 5° N: ständig feucht; etwa zwischen 5° N und 11° N sowie etwa zwischen 2° S und 8° S: zwei Regenzeiten; zwischen etwa 11° N und 19° N sowie zwischen 8° S und 21° S: eine Regenzeit mit einer Zeitdauer von etwa 5 Monaten (äquatornah) bis ein Monat (äquatorfern). Der Zusammenhang mit dem Zenitstand ergibt sich aus dem Diagramm.

16   Zeichnung:
1. Was bedeutet der große blaue Pfeil? – Absteigende Wasserbewegung im Boden – im Gegensatz zu aufsteigender, die bei Verdunstung einsetzt.
2. Mit welchem Bodentyp, der u.a. in Deutschland verbreitet ist, hat dieser hier einige Ähnlichkeit? – Podsol-, Bleicherde-, Heideboden, absteigende Wasserbewegung Rohhumusschicht, Auslaugung, Anreicherungshorizont.

18   Bild: Tropischer Trübwasserfluß mit vielen Schwebstoffen, die Uferwälle bilden (Bildmitte). Ausformung von Bögen (Mäandern), wo der Fluß seine Geschwindigkeit verringert, etwa bei abnehmendem Gefälle, und wo die nachfolgenden Wasserteilchen in der allgemeinen Richtung des Fließens gebremst, einen seitlichen Ausweg suchen (ähnlich einem abgeschleppten, an den bremsenden Zugwagen mit einer Stange gekoppelten Auto). Entwicklung von Prall- und Gleithang, Altwasserschlingen, z.T. in Verlandung begriffen, und Umlaufbergen.

19   Bild:
1. Boden: s. S. 16, Bemerkungen zum Diagramm.
2. Sonne: steht fast im Zenit.
3. Unregelmäßiges (daher Verwendung des Pfluges ausgeschlossen) Hackbaufeld. Mit der kurzstieligen Hacke wurden kleine Erdwälle aufgehäufelt, junge Pflanzen darauf entwickeln gerade das erste Grün.

20 Zur Erläuterung der Tabelle: Tropische Ölpflanzen: a) Kokospalme: an allen tropischen Küsten, Fruchtfleisch liefert Öl, Fruchthülle Material für Matten usw. – b) Ölpalme: vorwiegend Westafrika, bis 50 kg schwerer Fruchtstand mit 1300 – 2000 Früchten, Fleisch und Kerne liefern Öl. – c) Erdnuß: Westafrika, China, Indien, USA; 40-50 cm hoch, die langen Blütenstiele dringen nach dem Verblühen in die Erde, wo die Früchte reifen.

Auswertung der Tabelle: Vorschlag: Die Schüler sollen feststellen:
a) die 3 größten Kautschukexportländer: Malaysia, Indonesien, Nigeria. – b) die 3 wichtigsten Bananenländer: Ecuador, Brasilien, Elfenbeinküste. – c) die 3 wichtigsten Kakao-Exportländer: Ghana, Nigeria, Elfenbeinküste. – d) die 3 wichtigsten Exportländer für Ölfrüchte: Nigeria, Indonesien, Malaysia.

Die Savannen   20 – 24

Einstieg:
1. Klimadiagramme Nr. 5–7, Seite 6 des Lehrerheftes.

22/23 2. Bilder:
1. Welcher Bewuchs (auf Bild S. 22 am besten zu erkennen) herrscht auf beiden Bildern vor? – Gras; auf Bild S. 22 höheres, auf Bild S. 23 niedriges Gras; dazu Büsche, Bäume, Baumgruppen.
2. Was unterscheidet die Bäume von denen des tropischen Regenwaldes? (Bild S. 17) – Viel niedriger; dickerer, gedrungener Stamm; geschlossene, aber oft lockere Krone.
3. Welche Farbe herrscht in der Bodenvegetation vor? – S. 22 grün: Regenzeit, daher auch die vielen äsenden Lauftiere, die mit dem Wechsel von Regen- und Trockenzeiten weite Strecken zu frischem Weideland zurücklegen. – S. 23 gelb: Trockenzeit

Bemerkung: Wie stark der Mensch die Bildung der Savannen beeinflußt hat, ist im einzelnen noch nicht abschätzbar – regelmäßige Savannenbrände, Überweiden durch große Herden wilder oder zahmer Lauftiere fördern zunächst den Graswuchs und schaden dem Baumwuchs. Der geschlossene Wald beginnt, wo das Feuer gegen die Nässe nicht mehr aufkommt, die Dornsavanne dort, wo die Lücken zwischen dem Pflanzenwuchs so groß werden, daß sie das Feuer nicht mehr überspringen kann. Auf Bild 23 handelt es sich wohl um einen Wald, der durch die genannten Ursachen zu niedrigem Busch und dürrer Savanne verkümmert ist. Die Bäume und Baumruinen wären dann seine letzten Reste.

20 Einführungsaufgaben:
1. Die Savannen schließen i. a. im N und S an die tropischen Regenwälder an. Weit verbreitet sind sie in Mittelamerika und im N und S Südamerikas. In Afrika umgeben sie in einem weitgeschwungenen Streifen den tropischen Regenwald der äquatorialen Tieflandsgebiete, erreichen auf der nördlichen Halbkugel 18° N und reichen auf der südlichen z.T. sogar noch über den Wendekreis hinaus. In Südasien nehmen sie den größten Teil des Dekkan und der westlichen Gangesebene ein und sind auch in Hinterindien und auf den Sundainseln verbreitet. In Australien umrahmen sie die zentralen Wüstenräume.

2. Staaten in Amerika: Mexiko mit Mexiko-City, Panama, Venezuela mit Caracas, Brasilien mit Rio de Janeiro und Santos, Uruguay mit Montevideo.

Staaten in Afrika   Mali mit Bamako, Nigeria mit Kano, Sudan mit Khartum, Äthiopien mit Addis Abeba, Tansania mit Daressalam, Rhodesien mit Salisbury.

Staaten in Asien   Pakistan mit Karatschi, Indische Union mit Delhi, Kalkutta und Bombay, Thailand mit Bangkok, Vietnam mit Saigon.

Staaten in Australien   Queensland mit Brisbane, Südaustralien mit Adelaide.

3. Flüsse und Seen:

In Amerika	Paraguay, Nebenflüsse des Amazonas
In Afrika	Niger, Nil; Victoria, Tanganyika- und Nyassa-See
In Asien	Indus, Mekong
In Australien	Murray mit Darling

21 Diagramm: Siehe unter „Motivation der Einleitungsaufgaben." Lehrerheft S. 8

22/23 Bilder: Siehe unter Einstieg. (Lehrerheft S. 9).

22 Zur Erläuterung der Tabelle:
Hirse: verschiedene Gräser, aber gegenüber den Getreidearten mit kleinen, rundlichen Körnern; Breinahrung.
Batate („Süßkartoffel"), Maniok, Yams, Taro: tropische Knollenfrüchte. Die Wurzelstöcke enthalten Stärkemehl wie unsere Kartoffel. Von manchen werden die Blätter auch als Gemüse verwandt; die nicht lagerfähigen Knollen dienen in Form von Brei als menschliche Grundnahrung.
Sesam: Krautartige Pflanze mit ölhaltigen Samen.

Entscheidend für die bessere Versorgung der Eingeborenenwirtschaft war die Einführung von Mais und Reis; beide lagerfähig, höherer Ertrag, liefern Breinahrung.

Die Wüsten   24 – 27

Einstieg:
1. Klimadiagramme Nr. 8 – 10 Seite 6 des Lehrerheftes
2. Erschließung der Bilder S. 25/26/27
1. Wie unterscheidet sich die Vegetation auf Bild S. 26 von der auf Bild S. 27? – S. 26: Dürftige, natürliche Vegetation der Wüstensteppe, hier auf Höhen und Abhängen wachsend, auf (spärlichen) Niederschlägen beruhend. – S. 27: Oase, mit üppiger Anbauvegetation durch Bewässerung, im Zuge eines Wüstentals.
2. Welche Wüstenarten sind in den Bildern dargestellt? – a) Sandwüste: (hell, gelblich) häufig Dünen mit Rippelmarken, S. 25, 26. – b) Kieswüste: Oberfläche mit Gesteinsstücken bedeckt („Kiespflaster"), zwischen denen alles feinere Material ausgeblasen ist, S. 25 vorn. – c) Felswüste, nackter Fels, Felstrümmer. – d) Halbwüste: Vegetation noch spärlicher als in der Wüstensteppe S. 26, noch mehr nackter Boden zwischen den Pflanzen, S. 27 undeutlich im Hintergrund.

24 Einleitungsaufgaben: 1a) in Amerika und Südafrika erstrecken sich die Wüsten meridional entsprechend der Richtung der großen Gebirge. In Nordafrika und Asien verlaufen sie breitenparallel entsprechend der Gebirgsrichtung. In Australien im trockenen Inneren des Kontinents. – b) Wendekreiswüsten: Sahara, arabische Wüste, Wüste Tharr, Namib; Atakama; Victoria- und Große Sandwüste (Australien). – c) Binnenwüsten der Mittelbreiten (winterkalt): Kisil-Kum, Kara-Kum, Gobi. – d) Beckenwüsten: Großes Becken (USA), Hochasien, Hochland von Iran, Große Sandwüste (Australien). – e) Küstenwüsten: Atakama, Namib, West-Sahara, West-Australien.
2a und 3a) Wendekreiswüsten: Im Hochdruckgürtel der Roßbreiten, v.a. in der Mitte und an der Westseite der Landmassen. – b) Binnenwüsten der Mittelbreiten: Im trockenen Kontinentinneren. – c) Beckenwüsten: Hohe Randgebirge fangen die Niederschläge ab, die herunterströmenden Winde sind als Fallwinde besonders trocken. – d) Küstenwüsten: Kalte Meeresströmungen zwingen den Wasserdampf auflandiger Winde zur Kondensation; sie regnen sich ab, bevor sie das Land erreichen. Doch sind (trockene) ablandige Winde vorherrschend; dadurch kaltes Auftriebswasser bewirkt.

4. Staaten, große Städte und Flüsse im Wüstengürtel:

in Amerika	Gebirgsstaaten der USA mit Salt Lake City, Reno; Peru; Chile mit Antofagasta.
in Afrika	Marokko mit Marrakesch, Casablanca, Rabat; Algerien; Tunesien; Ägypten mit Kairo; Nil.
in Asien	Saudi-Arabien mit Er Riad; Iran mit Teheran; Sowjetisch Turkestan mit Taschkent; Pakistan; Sinkiang, Mongolei (China); Amu-Darja und Syr-Darja, Indus.
in Australien	Westaustralien mit Perth; Nordterritorium; Südaustralien; Murray, Darling.

25 Bild: s. Einstieg Lehrerheft S. 10
Zeichnung: Vgl. mit Bodenprofil S. 16. Welche Wasserbewegung ist maßgeblich? – Aufsteigende.
Worterklärung: Härtlinge: Überreste einer älteren, härteren Oberfläche, die durch Verwitterung und Abtragung zum größten Teil verschwunden ist.
Kapillare: Haarröhre; Kapillare bilden sich mit kaum sichtbarem Durchmesser, aber zahlreich in trockenem, tonhaltigem Boden. Sie leiten das Bodenwasser zur Oberfläche, wo es verdunstet, aber die in ihm enthaltenen Mineralien zurückläßt.

26 Bild: s. Einstieg Lehrerheft S. 10
Tabelle:
1. Luktschun (Turfan), Kaschgar (Tarim), außertropische Wüsten mit kalten Wintern. Hohe Randgebirge oder extrem kontinentale Lage verschärfen die Klimagegensätze.
2. Namib (SW-Afrika), Atakama (Chile), Küstenwüsten, bei denen sich der mildernde Einfluß des Meeres im Temperaturgang auswirkt.
3. Ankara, Kaschgar, Luktschun – außerhalb der Tropen, z.T. hochgelegene Beckenwüsten.

27 Bild: 1. siehe Einstieg Lehrerheft S. 10
2. Getreide, Gemüse, Obst, Dattelpalmen.
Die Dattelpalme ist charakteristisch für die winterwarme Wendekreiswüste. Typischer Baum der winterkalten Binnenwüsten der Mittelbreiten in Asien ist die Pyramidenpappel.
3. Ort an einer Wasserstelle in der Wüste. Da Bewässerungsland kostbar, Siedlung außerhalb errichtet.
Tabelle:
1. Manche bis dahin arme Wüstenländer haben im 19. Jhd. Reichtum durch Erdölfunde erworben. Welche sind das? – Kuwait, Saudi-Arabien, Irak, Iran, Algerien, Libyen.
2. Steht die Verbreitung des Erdöls in einem ursächlichen Zusammenhang mit der Verbreitung der Wüsten? – Nein. Die Bildung des Erdöls im Meereswasser und seine Lagerung vollzogen sich unabhängig von der heutigen Verbreitung des Wüstenklimas.

Die Monsunländer   28 – 31

Einstieg:
1. Klimadiagramme Nr. 11–13, S. 6 des Lehrerheftes.
2. Bild S. 28
Woran erkennt man auf dem Bild S. 28 die Monsunzeit? – Kräftiges Grün der Vegetation, Wolkenwand, Irawadi über sein windungsreiches Bett getreten, ganze Talaue überschwemmt, aber Altwasserarme noch deutlich erkennbar.

28 Einleitungsaufgaben:
1. In Asien: Vorder- und Hinterindien, Philippinen
   In Australien: Halbinsel York
   In Afrika: Oberguineaküste, Ostafrik. Küste, Madagaskar
   In Südamerika: Ostküste Mittelbrasiliens
2. Vgl. Atlaskarte: Westghats, Dekkan mit den Nilgiribergen und dem Godawari, Hindostan mit Indus, Ganges und Brahmaputra, Wüste Tharr, Himalaya.
3. Vgl. Lehrbuch S. 11/12
Nutzpflanzen: Tee, Jute (holzige Stengel liefern eine Bastfaser, die für Säcke, Grundgewebe für Teppiche und Linoleum verwandt wird), Baumwolle, Hirse, Weizen, Mais, Hülsenfrüchte, Erdnüsse, Sesam, Pfeffer, Ingwer, Zimt. Kokospalmen auf den Philippinen. Reis in Vorder- und Hinterindien.

31 Bild: Vgl. Karte und Tab. S. 168
1. Welches sind die wichtigsten Ausfuhrstaaten von Tee? – Indische Union, Ceylon, (Süd-) China, Indonesien; alle gehören zu den tropischen Monsunländern.
2. Welches sind die wichtigsten Einfuhrstaaten von Tee? – Großbritannien, USA, Kanada, Australien – d.h. Länder mit britischer Tradition.

Die subtropischen Winterregengebiete   32 – 33

Einstieg:
1. Klimadiagramme Nr. 14–16, S. 6 des Lehrerheftes.
2. Schilderungen von Schülern, die in Italien oder anderen subtropischen Winterregengebieten waren.
3. Tabelle S. 34 unten als Einstieg für den Gesamtkomplex der subtropischen Winter- und Sommerregengebiete (siehe dort).

32 Einleitungsaufgaben:
1. Die subtropischen Winterregengebiete Südeuropas, Nordafrikas und Kleinasiens umkränzen das Mittelmeer. Sie liegen im Sommer im Hochdruckgürtel der Roßbreiten, im Winter im Bereich der Westwinde. In Europa werden sie nach N durch die sommergrünen Laub- und Mischwälder der Mittelbreiten begrenzt, wobei diese Grenze im ganzen durch den Hauptstrang der jungen Faltengebirge (Pyrenäen, Alpen, Dinarisches Gebirge) kräftig markiert ist; in Afrika gehen sie nach S in den Wüstengürtel über.
Anteil an ihnen haben: Portugal, Spanien, Frankreich, Italien, Jugoslawien, Griechenland, Türkei, Syrien, Israel, Ägypten, Libyen, Tunesien, Algerien, Marrokko.
2. In Nordamerika: Kalifornien. In Südamerika: Mittelchile. In Südafrika: Kapland. In Australien: Victoria.
3. Zitrusfrüchte, Olive, Weinstock, Korkeiche, Mandeln, Reis, Sojabohne, Mais, unsere Getreide- und Obstarten.
4. Von den großen Siedlungen liegen in Europa a) die alten vorwiegend im Inneren an den großen Flüssen oder küstennah in Schutzlage wie z.B. Athen, Rom. b) die jüngeren unmittelbar an den Küsten, wo ihnen Rohstoffe leicht zugeführt werden können.

33 Bild: Olivenhaine eher mit Obstpflanzungen Mitteleuropas als mit Wald vergleichbar. Die Bäume stehen locker, ihre Kronen haben schütteres, schmalblättriges Laub; dadurch kommt viel Sonnenlicht auf den Boden; dieser hat daher im Frühjahr üppigen Gras- und Krautwuchs (s. Bild), der als frisches Grünfutter gesichelt und im Sommer dürr wird – Olivenhaine fast nie bewässert; im submediterranen N-Gürtel auch Getreide- oder Gemüsepflanzung unter Ölbäumen.

Die subtropischen Sommerregengebiete   34 – 37

Einstieg:
1. Klimadiagramme Nr. 17–20, S. 6 des Lehrerheftes.

34 2. Tabelle S. 34
1. Warme Winter: Lissabon, San Francisco, Valparaiso.
   Kalte Winter: Peking, Washington.
Warme Winter an den W-Küsten der Subtropen, kalte an den O-Küsten. Der im Winter in den Subtropen vorherrschende W-Wind trifft auf die W-Küsten als milder, feuchter Seewind, erreicht die O-Küsten als trockener, kalter Landwind.
2. Die Ostküstenstationen haben wärmere Sommer als die Westküstenstationen gleicher Breiten. Die im Sommer in den Subtropen vorherrschenden Winde aus dem Ostquadranten (NO – SO) treffen

auf die Ostküsten als feuchtc, warme Seewinde, wirken an den Westküsten als trockene, warme Landwinde.

3. Unterschiede der Durchschnittstemperaturen der kältesten Monate zwischen der Ost- und Westseite auf gleichen Breiten der Festlandsmasse der alten Welt:

Breite	Temperaturdifferenz
50° N	30°
40° N	13°
30° N	7°
23° N	8,7°

Die Stationen der Ostküste haben durch ablandigen NW-Winde extrem kalte Winter (Aigun, Peking). Bei Schanghai und Kanton wirkt sich schon die äquatornähere Lage mit stärkerer Sonneneinstrahlung aus. An der Westküste bringen die auflandigen Westwinde im Winter erhöhte Temperatur, die sie in den nördlichen Breiten (Irland) z.T. dem Golfstrom verdanken.

Einleitungsaufgaben:

1. In Asien: China, Korea, Japan
   In Amerika: Die SO-Staaten der USA, SO-Küste Brasiliens
   In Australien: Die Küstengebiete von Queensland und Neu-Südwales

Diese Gebiete liegen wie die subtropischen Winterregengebiete im Sommer im Roßbreiten-, im Winter im Westwindgürtel, aber im Gegensatz zu diesen auf den Ostseiten der Kontinente; sie haben daher bei vertauschter Luv/Lee-Situation Sommerregen und Wintertrockenheit anstatt Winterregen und Sommerdürre.

2. Die Sommerniederschläge sind am höchsten in Ostasien (zwischen 200 bis über 500 mm); ähnlich noch in SO-Brasilien während sie in den übrigen Sommerregengebieten unter 200 mm im Juli bleiben. China hat einen sehr trockenen Winter, v.a. im N, während Japan durch Winde vom Jap. Meer Niederschlag erhält. In den übrigen Sommerregengebieten sind die Winter gleichfalls regenarm, aber nicht in dem Maß wie in China.

Land	Stadt	Niederschläge in cm		Winde	
		Juli	Januar	Juli	Januar
China	Peking	21	0,3	SO	NW
Japan	Tokio	14	6	SO	NW
Britische Kronkolonie	Hongkong	36	3	SO	NW
USA	New York	11	8	SO	NW
Brasilien	Rio de Janeiro	5	13	SSW	NO
Australien	Sidney	9	12	SSW	O

3. Vgl. Aufgabe 1. Ströme nur in China: Jangtsekiang, Hwangho. Größte Ausdehnung der subtropischen Sommerregengebiete in Ostasien, in den anderen Kontinenten geringere Flächen.

35 Bild:

1. Reis bringt von allen Getreidearten den höchsten ha-Ertrag, braucht aber auch am meisten Wärme, Feuchtigkeit und Pflege. Darum wurde er das bevorzugte Getreide warmer, menschenreicher Länder, die über das nötige Wasser verfügen, besonders der tropischen Monsun- und der subtropischen Sommerregengebiete, aber auch z.B. Ägyptens. Sein Anbau verlangt viele Arbeitskräfte, besonders da der Reis nur auf überschwemmten Feldern wächst und wie unsere Gemüse- und Tomatenpflanzen von Anzuchtbeeten auf die Erntefläche umgepflanzt wird.
Im Gebirge ist Terrassenbau nötig. Um das Wasser zu stauen müssen die Ränder erhöht werden. Die unter Wasser stehenden Feldstücke werden meist mit Hilfe des Wasserbüffels gepflügt.
2. Die Ein- und Auslässe des Wassers werden durch niedrige Lehmwälle geschlossen.
3. An den Terrassenwänden und zu steilen Hängen.

Erläuterungen:
Löß: in China: verwehter Wüstenstaub; sonst auch Staub, der z.B. aus abgetrockneten Schlammflächen der Urstromtäler herausgeweht wurde.
Sojabohnen: außerordentlich nahrhafte, sehr eiweißhaltige Anbaufrucht; ersetzt in Ostasien z.T. die fehlende Fleischnahrung.
Gartenbau: Die arbeitsintensivste Form der Landwirtschaft: mit der Hand wird jede Pflanze einzeln gepflanzt, der Boden bewässert, gelockert und gejätet; Hauptgeräte: Hacke, Spaten.

37 Bild: Buchtenreiche Inseln mit Gebirgskernen und Schwemmlandebenen (Vordergrund). Jede für den Ackerbau brauchbare Stelle trägt Felder. Wald, wo die Hänge für Ackerbau zu steil sind. Die Felder im Hintergrund passen sich dem unregelmäßigen Gelände an, die im Vordergrund liegen auf Schwemmland, das eine frühere Meeresbucht ausfüllt. Dort bietet der Anbau keine Schwierigkeiten. Die sauber gepflügten Felder zeigen die Sorgfalt, mit der die japanischen Bauern das Land bestellen.

Die Grasländer der mittleren Breiten   38 – 39

Einstieg:
1. Klimadiagramme Nr. 21–23, S. 7 des Lehrerheftes.
2. Einleitungsaufgaben

38 Einleitungsaufgaben:
1 a) Auf der Nordhalbkugel: In Nordamerika: die Prärie zwischen 38° und 53° N, östlich der Rocky Mountains und in den Kordillerenhochländern. In Eurasien: Ein Streifen zwischen 38° und 55° N, mit Vorposten im Alföld und der Walachei, von der Ukraine über 90 Längengrade in wechselnder Breite bis China. – 1 b) Südhalbkugel: In Argentinien, Uruguay, Australien, Südinsel von Neuseeland.
2. Auf der Nordhalbkugel sehr große (s. Aufgabe 1), auf der Südhalbkugel nur geringe Ausdehnung.
3. Die Prärien Nordamerikas und die Grasländer Südamerikas dem Gebirgsbau entsprechend in meridionaler Richtung, in Eurasien aus dem gleichen Grund breitenparallel.
4. In Amerika: Kanada, USA, Uruguay, Argentinien – Ströme: Columbia, Missouri, Arkansas, Paranà.
In Eurasien: SU, Rumänien, China. – Ströme: Don, Wolga, Irtysch, Ob.
In Australien: Neu-Südwales; Neuseeland.
5. In Amerika: Edmonton, Regina, Winnipeg, Saint-Paul, Minneapolis, Kansas-City: Marktstädte mit Verarbeitung landwirtschaftlicher Produkte. – Saint Louis, Chikago, Toledo, Detroit, Cleveland, Cincinnati: Industriestädte.
In Eurasien: Odessa, Rostow, Wolgograd, Kuibyschew, Omsk, Karaganda, Nowosibirsk, Krasnojarsk, Tomsk: Industriestädte.

Die Waldländer der gemäßigten Breiten   40 – 43

Einstieg:
1. Klimadiagramme Nr. 24/25, S. 7 des Lehrerheftes.

40 2. Diagramm
1. Die angegebenen Orte liegen in der Nähe eines Breitenkreises. Welches? – 55° N
2. Von welchem Ort an beträgt die Wachstumszeit:
a) mehr als 5 Monate? – Von Moskau nach W. – b) 5 Monate und weniger? – Von Swerdlowsk nach O.

Die in der unteren Leiste des Diagramm deutlich gemachte Abnahme der Wachstumszeit in der W-O-Richtung entspricht der Zunahme der Kontinentalität. Je weiter nach O desto früher setzt der immer strenger werdende Winter ein. Erst kurz vor der Küste setzt sich eine spürbare Milderung der Kontinentalität durch.

Einleitungsaufgaben:

1. In Nordamerika: Zwischen 38° und 60° N große Teile von Kanada; die NO- und die NW-Staaten der USA. – In Eurasien: Nördlich 45° N bzw. nördlich des Graslandgürtels bis über den Polarkreis hinaus. – Auf der Südhalbkugel: Südchile; die Südinsel von Neuseeland.

2. a) Temperatur: Januar 0° – -50°; Juli 10° – 20°. – b) Winde: Westwinde herrschen während des ganzen Jahres vor. Jenseits des Jenissei sind sie im Sommer kaum spürbar. – c) Luftdruck: Im Winter liegt ein sehr stabiles Hoch mit dem Kern südlich des Baikalsees über Nordasien, das die niedrigen Wintertemperaturen hervorruft. – d) Niederschläge: Im Mittel um 700 mm/J; hohe Niederschläge an der Westküste Skandinaviens und Großbritanniens; in den höheren Breiten geringere Niederschläge. Die Waldländer liegen in der planetarischen Frontzone und der subpolaren Tiefenrinne.

3. In Kanada: Vancouver, Winnipeg, Toronto, Ottawa, Montreal, Quebec. – Ströme: Mackenzie, St. Lorenzstrom.

In den USA: Die Neuenglandstaaten mit New York, Boston, Philadelphia.

In Eurasien: Die Großstädte Mittel- und Nordeuropas. In der SU: Leningrad, Moskau, Workuta, Igarka. Ströme: Loire, Rhein, Elbe, Oder Petschora, Ob, Jenissei, Lena.

41   Bild:

1. Der regelmäßige Grundriß mit den geraden Straßen und den typisierten Häusern (Fertighäuser) lassen auf eine junge Gründung (nach dem 2. Weltkrieg) schließen. Vermutlich handelt es sich um eine Bergbausiedlung. Oben links eine Hafen- und Aufbereitungsanlage.

2. Verkehrsmittel: Kraftwagen, Schiff, Flugzeug.

Die Tundren   43

Einstieg: Klimadiagramm Nr. 26, S. 7 des Lehrerheftes im Vergleich zu den Diagrammen 24, 25, 27.

42   Bild:

1. Woran zeigt sich, daß das Bild in der Übergangszone zwischen Wald und Tundra aufgenommen ist? – Wald- und waldfreie (Tundra-) Flächen.

2. Welche Jahreszeit? – Schneeschmelze, nach Klimadiagramm Nr. 26 S. 7 des Lehrerheftes also etwa Juni.

3. Was läßt sich vom Baumwuchs erkennen? – Hohe, sehr schmal wachsende Nadelbäume (ähnlich auf Bild S. 41).

43   Tabelle:

Innerhalb der einzelnen Spalten sollen jeweils die 3 größten Werte angegeben werden.

Fläche: 1. Tropische und subtropische Savannen und Grasländer
                       2. Waldländer der gemäßigten Breiten
                       3. Tropische und subtropische Wüsten

Einwohner: 1. Subtropische Sommerregengebiete
                       2. Tropische Monsungebiete
                       3. Waldländer der gemäßigten Breiten

Weizen: 1. Waldländer der gemäßigten Breiten
                       2. Steppen der gemäßigten Breiten
                       3. Subtropische Sommerregengebiete

Reis: 1. Subtropische Sommerregengebiete
                       2. Tropische Monsungebiete
                       3. Tropischer Regenwald

Knollenfrüchte:	1. Tropischer Regenwald
	2. Waldländer der gemäßigten Breiten
	3. Tropische und subtropische Savannen und Grasländer
Zucker:	1. Tropischer Regenwald
	2. Waldländer der gemäßigten Breiten
	3. Steppen der gemäßigten Breiten
Pflanzliche Öle und Fette:	1. Subtropische Sommerregengebiete
	2. Steppen der gemäßigten Breiten
	3. Tropischer Regenwald
Baumwolle:	1. Subtropische Sommerregengebiete
	2. Steppen der gemäßigten Breiten
	3. Tropische und subtropische Savannen und Grasländer
Wolle:	1. Tropische und subtropische Savannen und Grasländer
	2. Subtropische Winterregengebiete
	3. Steppen der gemäßigten Breiten

Wieviele Menschen sind nach dieser Tabelle a) vorwiegend Brotesser (Spalte 3: Getreide) oder b) Breiesser (Spalte 4: Reis)?

a)	Tropische und Subtropische Savannen	296 Mill.
	Tropische und Subtropische Wüsten	50 Mill.
	Subtropische Winterregengebiete	180 Mill.
	Steppen der gemäßigten Breiten	200 Mill.
	Waldländer der gemäßigten Breiten	600 Mill.
	Insgesamt rd.	1326 Mill.
b)	Tropischer Regenwald	260 Mill.
	Tropische Monsungebiete	740 Mill.
	Subtropische Sommerregengebiete	970 Mill.
		1970 Mill.

Die industriereichen Großräume der Nordhalbkugel
44 – 108

Angloamerika
45 – 64

44 Aufgaben: 1. in Verbindung mit auswertender Arbeit an Tab. S. 44 unten, 2, 3, 4 in Verbindung mit Atlasarbeit.

1. Ziel des Vergleichs ist, zu erkennen, daß Anglo-Amerika (USA und Kanada) und die Sowjetunion sich in wesentlichen Punkten ähneln: Beide Großräume haben Erdteilgröße usw. Die BRD dagegen, obwohl nach Bevölkerungszahl und Wirtschaftsleistung unmittelbar hinter der SU liegend, gehört zu einer wesentlich kleineren Größenordnung. Zum Unterschied in der Größe kommen auffällige Unterschiede in den Proportionen hinzu.

Zur Aufhellung der Verhältniswerte Europas (ohne SU und Türkei) im Unterschied zu Anglo-Amerika und der Sowjetunion sind hier in der vierten Spalte die entsprechenden Zahlen aufgeführt. Sie können gleichfalls aus Tab. S. 44 unten gewonnen werden.

Arbeitsverfahren und Ergebnisse: Setzt man die Werte für Anglo-Amerika = 100, dann ergeben sich folgende Verhältnisse:

	Anglo-Amerika	SU	BRD	Europa (ohne SU u. Türkei)
a) Fläche	100	116	1,3	25
b) Einwohner	100	107	28	229
c) Bevölkerungszuwachs/Jahr	100	100	15	115
d) Ackerfläche	100	106	3,6	71

2. Der Polarkreis: Ziel ist festzustellen, daß Anglo-Amerika und die Sowjetunion mit großen Landflächen in die polaren Breiten reichen. Daraus ergeben sich wichtige Unterschiede zwischen diesen beiden Großräumen einerseits und der BRD und Europas anderseits in der durchschnittlichen Siedlungsdichte und dem Anteil des Ackerlandes an der Gesamtfläche — siehe dazu Ergebnisse der Aufgabe 1 oben und nachfolgende Auswertung der Tab. S. 44.

3. a) 60° N: Anglo-Amerika: Keine bedeutende Stadt — Südküste Alaskas, Nordhälfte der Hudson-Bay, Südspitze Grönlands.
Sowjetunion: Leningrad, dann keine bedeutende Stadt mehr.
b) 50° N: Anglo-Amerika: Vancouver, Calgary, Winnipeg, Nordküste des St. Lorenzgolfes, Nordspitze von Neufundland.
Sowjetunion: Lemberg, Kiew, Charkow, Wolgograd, Karaganda, Komsomolsk; die Siedlungsschwerpunkte der SU liegen also vor allem zwischen 50° und 60° Nord.
c) 40° N: Anglo-Amerika: Salt Lake City, Denver, Pittsburg, Philadelphia; die Siedlungsschwerpunkte der USA liegen also vor allem zwischen 40° und 50° Nord.
Sowjetunion: Baku, Samarkand.

4. USA: Auf dem Festland: 25° N (Florida — der Inselbesitz von Puerto Rico und Hawaii dabei nicht berücksichtigt).
SU: fast 35° N — an der afghanischen Grenze.

44 Auswertungsmöglichkeiten der Tabelle:
1. Vergleich der Werte innerhalb einer Spalte. Um zu anschaulicheren Vorstellungen zu kommen, wird von einem sich anbietenden Grundwert ausgegangen — in Spalte 1 und 2 etwa von den statistischen Werten für die BRD. Frage für Spalte 1: Wievielmal hat die Fläche der BRD in den Flächen der einzelnen Gebiete Platz?

	Fläche	Einwohnerzahl
BRD	1	1
USA	36	3,3
Kanada	40	0,3
Anglo-Amerika	77	3,6
Sowjetunion	90	3,9
Europa (ohne SU u. Türkei)	20	6,3

2. Ermitteln von Verhältniswerten durch den Vergleich verschiedener Spalten z.B.:

Bevölkerungsdichte — aus den Spalten 1 und 2 (20; 2; 11; 10; 240; 100 E/km²).
Bevölkerungszuwachs — aus den Spalten 2 und 3 (1,2 %; 1,5 %; 1,2 %; 1,1 %; 0,7 %; 0,6 % / Jahr).
Anteil des Ackerlandes an der Gesamtfläche — aus den Spalten 1 und 4 (20 %; 4 %; 12 %; 10 %; 33 %; 32 %).
Anteil des Ackerlandes je Einwohner — aus den Spalten 2 und 4 (1 ha; 2,1 ha; 1 ha; 1 ha; 0,14 ha; 0,3 ha).

3. Graphisches Umsetzen der Ergebnisse etwa nach der Balken-, Kreissektoren- oder Symbolmengenmethode — z.B. die Bevölkerungsdichte in E/km²: Auf einer Fläche von 250 mm² wird für einen Einw. ein mm² farbig herausgehoben; der Anteil eines Einwohners am Ackerland, ebenfalls auf einer Fläche je Gebiet von 250 mm², wobei für Kanada 2,1 ha/Einw. 210 mm² gekennzeichnet werden; der Anteil des Ackerlandes an der Gesamtfläche nach der Kreissektorenmethode (USA — 72°; BRD — 120°).

17

Aufgaben zur Karte:
1 a) Waldgebiet a und b: außertropische Regen, ganzjährig mit Maximum im Herbst und Winter oder Sommer; c: Im Sommer eine Regenzeit bei oder nach Sonnenstand (tropische Regen), im Winter außertropische Regen; d: außertropische Regen, periodisch im Winter. – 1 b) Waldlose Gebiete 1 und 2: Trockenheit; 3 und 4: Kälte.
2 a) a = Nördlicher Nadelwald; b = Laub- und Mischwald der Mittelgürtel; c = Subtropische immerfeuchte Wälder; d = Subtropische Hartlaubgehölze. – 2 b) a Nördl. Nadelwald in Skandinavien, Nordrußland, Sibirien; b Laub- und Mischwald der Mittelgürtel in West- und Mitteleuropa, atlantischer Keil Osteuropas, Ostküste Asiens am Gelben Meer, Japan; c Subtropische immerfeuchte Wälder in Mittel- und Südchina, Südkorea, Südjapan; d Subtropische Hartlaubgehölze im Mittelmeergebiet.
3 a) Waldgebiete b und c – 3 b) Gebirge, Sümpfe, und Flußauen – 3 c) Ähnliche Verhältnisse in beiden Großräumen.
4 a) 1 = Wüste und Halbwüste (Trockenwüste); 2 = Steppe (Grasland der Mittelbreiten); 3 = Tundra; 4 = Eis- und Kältewüste. – 4 b) 1: Wüste und Halbwüste in: Arabien, Syrien, Iran, Westpakistan, Sowjetisch Turkestan, Mongolei; 2: Steppe in: Ostungarn, Südrußland, Westsibirien, Mongolei, Mandschurei; 3: Tundra: an der Eismeerküste; 4: Eis- und Kältewüste: Inseln im Nördlichen Polarmeer.

Aufgaben (Mitte der Seite):
1. Nordamerika rund 5000 km (rund 70 Längengrade, fast 5 h Zeitunterschied); Eurasien rund 10000 km (rund 150 Längengrade, rund 10 h Zeitunterschied). Die größte West- und Ostausdehnung der SU zwischen der Westgrenze (20° O) und Kap Deschnew (170° W) beträgt 170 Längengrade, fast die Hälfte des Erdumfangs. Zur Tag- und Nachtgleiche geht die Sonne an der Beringstraße nur eine halbe Stunde später auf, als sie an der sowjetischen Westgrenze untergeht.
2 a) und b) In Nordamerika verläuft der Hochgebirgsgürtel längs der Westküste in meridionaler (Nord-Süd) Richtung, in Eurasien entgegengesetzt im allgemeinen in West-Ostrichtung und inmitten des Festlandes.
3. In beiden Großräumen gibt es Gebiete mit geringen (unter 100 mm) und mittleren (bis 1000 mm) Niederschlägen. In der Sowjetunion fehlen, vom Kaukasus abgesehen, Gebiete mit über 1000 mm N/J (Niederschlag im Jahr).

Feuchtgebiete der USA: Osthälfte der USA von der Atlantikküste bis etwa 100° W und die Pazifikküste nördlich San Franzisko. Größte Niederschlagsmengen (über 2000 mm N/J) an der Golf- und der Pazifikküste. Trockengebiete der USA: Südliches Kordillerenland nach Osten bis 100° W.
Feuchtgebiete der SU: europäischer Teil der SU außer Nord- und Südküstenbereich, Kaukasus, Fernostküste – im ganzen gehört dazu weniger als die Hälfte der SU. Trockengebiete der SU: Vor allem nördlich und östlich des Kaspisees (Turkestan), sibirische Eismeerküste.

4. Januar-Isothermen längs 60° N:
Nordamerika: Nur ein schmaler Küstensaum Alaskas hat Mitteltemperaturen zwischen 0° und -10°. Binnenwärts und nördlich anschließend fällt die Mitteltemperatur auf -10° bis -20°. Im Inneren und im Ostteil des Kontinents herrschen Mitteltemperaturen zwischen -20° und -30°.
Eurasien: Ein schmaler Küstensaum Norwegens hat Mitteltemperaturen zwischen 10° und 0°. Nach Osten zu sinken die Temperaturen gleichmäßig ab: bis Leningrad herrschen Mitteltemperaturen von 0° bis -10°, bis zum Ural von -10° bis -20°, in Westsibirien -20° bis -30°, in Mittel- und Ostsibirien -30° bis -40°. In Ostsibirien erreicht das Kältepolgebiet von Werchojansk-Oimjakon im Januar auf 60° Nord -50° bis -60° Durchschnittstemperatur.
Januar-Isothermen längs 50° N:
Nordamerika: An der Westküste erreicht ein schmaler Streifen 10° bis 0°; landeinwärts liegen größere Gebiete mit Durchschnittstemperaturen zwischen 0° und -10°; in der Mitte und an der Ostküste fallen die durchschnittlichen Januartemperaturen auf -10° bis -20°.
Eurasien: Von der Westküste bis über den Rhein liegen die Durchschnittstemperaturen zwischen 10° und 0°; von dort bis zum Dnjepr liegen sie zwischen 0° und -10°, weiter bis zum Ob zwischen -10° und -20°, in Mittel und Ostsibirien zwischen -20° und -30°. In einem schmalen Küstensaum am Pazifik erreichen sie wieder -10° bis -20°.

Juli-Isothermen längs 60° Nord:
Nordamerika: Nur im Kordillerenraum und östlich der Hudson-Bay hält sich die mittlere Julitemperatur zwischen 0° und 10°; sonst erreicht sie überall Werte zwischen 10° und 20°.
Eurasien: Nur in Norwegen und Ostsibirien liegen die mittleren Julitemperaturen zwischen 0° und 10°, sonst überall zwischen 10° und 20°.
Juli-Isothermen längs 50° Nord:
Nordamerika: Die Julitemperatur liegt fast überall zwischen 10° und 20°; in den inneren Hochebenen der Kordilleren und im östlichen Kordillerenvorland erreicht sie 20° bis 30°; an der Westküste fällt sie auf durchschnittlich 0° bis 10°.
Eurasien: In West- und Mitteleuropa 10° bis 20°, vom Wolgagebiet bis Ostsibirien 20° bis 30°, an der pazifischen Küste 10° bis 20°.
5. Zusätzliche Arbeitsmittel: DI 154/155; 153 I und II; 156 I bis III.
Beide Bereiche haben im Sommer hohe Niederschläge durch feuchtwarme Seewinde aus östlicher Richtung. In Ostasien sind die Monsunwinde und die jahreszeitlichen Gegensätze schärfer ausgeprägt.

6/47   Der Landschaftsquerschnitt ist ein Blockbild mit Blickrichtung von Süd nach Nord. Die Erschließung zielt darauf, die Inhalte der vier Darstellungsleisten aufeinander zu beziehen und so einen Einblick in das räumliche Gefüge zu gewinnen.

1. Leiste: Bevölkerungsdichte und Industrieverteilung.
2. Leiste: Das eigentliche Raumprofil mit Darstellung der Bodenplastik, Flächennutzung und Verteilung der Städte; zugleich als Anhalt für die topographische Ordnung.
3. Leiste: Wachstumszeit des Vegetation in Monaten.
4. Leiste: Jährliche Niederschlagsmengen.

Beispiele für Aufgaben:
1. In welchem Bereich des Schnittes ist die Bevölkerungsdichte:
a) besonders groß (über 200 E/km²)? – Atlantische Küste (Gegenküste Westeuropas, gute Naturhäfen als Eingangspforten in den Kontinent, Klima, Böden und Vegetation für West- und Mitteleuropäer gut erträglich) – b) geringer, aber immer noch beträchtlich (100–200 E/km²)? – Östliches und westliches Appalachenvorland, Ufergebiete der Großen Seen, Pazifische Küste (landwirtschaftlich intensiv genutzt, Wachstumsdauer und Niederschlag ausreichend, viele Industrien) – c) besonders niedrig (1 E/km²)? – Das Kordillerenland mit Ausnahme einzelner kleiner Bewässerungs- und Industriegebiete (Trockenland, Hochgebirge).

2. Wo liegt im Innern des Erdteils die Grenze zwischen dem landwirtschaftlich intensiv und dem extensiv genutzten Land (Ackerbau auf unbewässerten, wenig beregneten Feldern und Weideviehzucht)? – In diesem Schnitt westlich des Missouri. Dort sinkt die Vegetationsdauer auf weniger als 3 Monate, die jährliche Niederschlagsmenge auf weniger als 600 mm/J und die Bevölkerungsdichte auf weniger als 10 E/km² ab.
3. Was bedeuten die drei in der Westhälfte der USA angeschnittenen Hochgebirgsketten für die Siedlung und die Wirtschaft? – Die Hochgebirge sind fast siedlungsleer (1 E/km²). Sichtbare Ursachen: steiles Hochgebirgsrelief, kurze Vegetationsperiode (1–3 Monate). Sie sind aber auch Niederschlagsfänger inmitten des Trockenlandes (500 mm und mehr N/J). Dadurch Ansatz von Bewässerungsflächen an ihrem Fuß mit Industrien und dichterer Besiedlung (im Innern 1–10 E/km², im Kalifornischen Längstal 50–100 E/km²).

46   Diagramme S. 46 unten, Vorschläge zur Erschließung.
1. In welcher Reihenfolge sind die Staaten angeordnet? – Tendenz: räumlich geographische Ordnung von N nach S.
2. Die durchgehende Reihe der Staaten gliedert sich nach dem Lebensstandard der Bevölkerung in zwei auffallend unterschiedliche Gruppen. Das zu finden und belegen zu lassen, ist der Sinn der Darstellung. – Zwischen welchen beiden Staaten liegt die Grenze der zwei großen Sozialbereiche des amerikanischen Doppelkontinents? – Zwischen USA und Mexiko.

3. Welche Sprache wird in Kanada und den USA hauptsächlich gesprochen? – Englisch (Anglo-Amerika – Folge der Einwanderung und historisch-politischer Verhältnisse). Welche Sprachen werden in den übrigen Staaten des Doppelkontinents hauptsächlich gesprochen? – Spanisch und Portugiesisch – (die iberischen Nationen Europas als Entdecker und Kolonisatoren Ibero-Amerikas).
4. Welche Werte ergeben sich für einen Vergleich zwischen den USA und Mexiko?

	Pkw/1000 E	Telefone/1000 E	Textilfasern/1000 E/Jahr Verbrauch in t
USA	370	425	15,1
Mexiko	18	20	3,6
Verhältnis: Mexiko – USA	1 : 21	1 : 21	1 : 4

5. Bei welchen der angegebenen Wirtschaftsgüter ist der Abstand zwischen den angloamerikanischen und den iberoamerikanischen Staaten besonders groß? – Pkw, Telefon (Kennzeichen höheren Lebensstandards) – Bei welchem geringer? – Textilfasern (Textilien, allgemein genommen, ohne erheblichen Statusrang).

47 Tabelle und Aufgaben: Der Vergleich der fast flächengleichen amerikanischen Staaten nach Wirtschaftsleistung und Lebensstandard zeigt die USA als Industrie-, Brasilien als Entwicklungsland.
1 a) Rund 7 mal größer – b) Rund 8 mal größer.
2 a) In den USA kommen auf 1000 Einwohner rund 380 Pkw, in Brasilien 12 Pkw. – b) In den USA kommen auf einen Pkw rund 3 Einwohner, in Brasilien rund 83 Einwohner. Das bedeutet, daß in den USA die gesamte Bevölkerung bequem in ihrem Pkw-Bestand Platz fände, sie ist nach der Durchschnittsrechnung voll motorisiert beweglich. In Brasilien ist auch nach den Mittelwerten, der Pkw soziales Statussymbol.
3 a) Getreideerzeugnisse – b) Der Verzehr von Getreideerzeugnisse ist bei niedrigem Lebensstandard besonders groß; diese werden bei wachsendem Lebensstandard durch höherwertige Nahrungs- und Genußmittel z.B. Fleisch und Eier usw. (siehe dazu die entsprechenden Spalten der Tabelle) erheblich zurückgedrängt.
Zur Ergänzung: In welchem Verhältnis stehen die angegebenen Werte der USA und Brasiliens zueinander?

Gemessen an den statistischen Werten der USA beträgt:
die Fläche Brasiliens: 90 %
die Einwohnerzahl: 43 %
die Ausfuhr je Kopf: 14 %
die Einfuhr je Kopf: 12 %
die Produktion von Stahl je Kopf: 6 %
der Verbrauch von Fleisch je Kopf: 27 %
der Verbrauch von Eiern je Kopf: 22 %
der Verbrauch von Getreideerzeugnissen je Kopf: 171 %

48/ Die beiden Diagramme S. 48 und die Karte S. 49 bilden eine Einheit. Sie stellen Grundtatsachen der
49 Besiedlung und damit der Zunahme der Bedeutung Anglo-Amerikas, besonders der USA heraus. Vor 200 Jahren ein schwach besiedeltes Kolonialgebiet am Rande der zivilisierten Welt, führt die starke Bevölkerungszunahme, vor allem durch Masseneinwanderung, verknüpft mit räumlicher Ausweitung von der atlantischen zur pazifischen Küste zur Nationwerdung und zur Vormachtstellung gegenüber den europäischen Stammländern.
Als Arbeitshilfe eine Zusammenstellung wichtiger Daten:

1. USA:
1776   Unabhängigkeitserklärung
1783   Frieden von Paris; Anerkennung der 13 alten Staaten
1823   Monroedoktrin („Amerika den Amerikanern")
1861 – 1865   Sezessionskrieg
1863   Zentral-Pazifik-Bahn

nach 1848	starke deutsche, österreichische und ungarische Einwanderung
1861	Einigung Italiens (Auswanderung für alle Italiener möglich)
1878	unabhängige Balkanstaaten (Auswanderung für Rumänen, Bulgaren, Serben möglich)
1900 – 1929	Besonders starkes Anwachsen der Industrie in den USA
1929 – 1932	Weltwirtschaftskrise
1919 – 1941	Isolationismus; USA außerhalb des Völkerbundes
1924	Einwanderungsgesetze
1941 – 1945	USA entscheidende westliche Macht im 2. Weltkrieg
1949	Gründung der NATO unter Führung der USA

2. Kanada

1541	Gründung der Stadt Quebec durch Franzosen, Ansatz für die Entstehung von „Neu-Frankreich" entsprechend der Entwicklung der „Neu-England-Staaten" nördlich New York
1763	Frankreich tritt Kanada an Großbritannien ab
1776	Britische Kolonisten, die dem Mutterland die Treue hielten, ziehen aus den USA als „Royalisten" nach Kanada und bilden den Stamm der Anglo-Kanadier. Dieser wird durch weiteren Zuzug aus Großbritannien verstärkt, während die Einwanderung aus Frankreich aufhört.

Diagramm S. 48 links unten.
Bemerkungen: Mit gelber Flächenfarbe ist die Gesamteinwanderung kenntlich gemacht. Die ablesbaren Werte beziehen sich jeweils auf das an der Unterkante genannte Jahrzehnt. Die schwarze Linie der alten Einwanderung ist sachlich leicht erschließbar, da sie zeitlich als erste einsetzt. Die grüne Linie (Amerikaner) bezeichnet die Einwanderung aus anderen amerikanischen Staaten, häufig von Europäern, die etwa den Umweg über Kanada wählten, weil sie keine unmittelbare Einwanderungserlaubnis erhielten (1823 und 1924).

Aufgaben:
1. In welchen Jahrzehnten überwiegt die „alte" Einwanderung? – 1820 – 1900 und ab 1930. Motive enthält der Abschnitt: „Die USA als Schmelztiegel" (S. 50). Ab 1924 kommt die Quotenbegünstigung hinzu.
2. In welchen Jahrzehnten überwiegt die „neue" Einwanderung? – 1890 – 1930. Nachhinken der psychologischen Bereitschaft und der technischen Möglichkeit gegenüber den sozial bevorteilten Gebieten Europas. Später Einwanderungserschwerung durch Quotenzuteilung, evt. Umweg über Kanada.

Weiterführung: Insgesamt macht diese Darstellung den einzigartigen Vorteil der europäischen Bevölkerung des 19. Jhd. bei ihrem Eintritt in das Industriezeitalter (verbunden mit Rückgang der Sterblichkeit und überstarker Bevölkerungszunahme) gegenüber den jetzigen Entwicklungsländern klar. Das 19. Jhd. verfügte noch über große, mit den technischen Mitteln der Zeit relativ leicht erschließbare Reserven an Siedlungsraum und sonstigen Lebensmöglichkeiten.

Diagramm S. 48 rechts unten: Es macht deutlich, daß trotz der in vieler Hinsicht die Zukunft prägenden frühen Einwanderung des 17. und 18. Jhd. erst das 19. Jhd. das quantitative Fundament für die schnell erreichte Weltmachtstellung aufbaut. 1750 besaß Anglo-Amerika weniger als 2 Mill. Einwohner (Schätzung), 1800 (aus Karte S. 49 als runde Zahl entnehmbar) 7 Mill. Einwohner. Erst dann beginnt der zunehmend steiler werdende Anstieg der Bevölkerungszahl wie des wirtschaftlichen und politischen Ranges.

Aufgaben:
1. Um das Wievielfache nahm die Bevölkerungszahl in den 5 dargestellten Bereichen von 1750 bis 1965 zu? – (Dabei lassen sich wegen der niemals völlig präzisen Aussage graphischer Darstellungen nur angenäherte Werte ermitteln).

Zunahme der Bevölkerungszahl 1750 – 1965
Anglo-Amerika	rund	200	fach
Großbritannien		6	
Deutschland (Gesamt-)		4	
Rußland/Sowjetunion		12	
Frankreich		2	

2. Wann überholte die Bevölkerungsentwicklung der USA die der andern hier aufgeführten Gebiete?
– Großbritannien um 1838, Frankreich um 1860, Deutschland um 1862.
3. Welche Voraussetzungen führen dazu, daß Anglo-Amerika und Rußland/Sowjetunion
steilen, von dem der drei angeführten europäischen Gebiete abweichenden Anstieg der Einwohnerzahl
aufweisen? – Große Reserven an Siedlungsland, viele andere Wirtschaftsmöglichkeiten, politische
Großräume.
4. Welches der 5 dargestellten Gebiete hatte 1750 die meisten Einwohner und 1965 die wenigsten?
– Frankreich.

49 Karte:
1. Über welche Landschaften erstrecken sich die 13 alten Staaten? – Atlantikküste, Appalachenvorland, Appalachen.
2. Ausdehnung des Staatsgebietes der USA von 1783? – Nach N bis zu den Großen Seen (Grenze
gegen die britischen Kolonien in Kanada), nach W bis zum Mississippi. Die Golfküste gehörte zu
Frankreich (Louisiana), Florida zu Spanien.
3. Wie weit reichte das Siedlungsland der USA um 1860 nach W? – Etwa bis zur ,,Trockengrenze"
um 100° w. L.
4. Wieviele Einwohner hatten die Staaten New York, Illinois, Colorado, Nevada, Kalifornien um
1800 und 1965?
5. Wie groß war der Bevölkerungszuwachs der 5 Staaten a) zwischen 1800 und 1860 b) zwischen
1860 und 1939 c) zwischen 1939 und 1965?

Orientierungshilfe für Frage 4 und 5:
Staat New York   Von der Atlantikküste mit der Stadt New York bis zum Ontario-See
Staat Illinois   Südwestlich des Michigan-Sees mit Chikago
Staat Colorado   Mit den Quellen der Flüsse: Rio Grande, Arkansas und Platte River
Staat Nevada   Östlich Kalifornien an der Central-Pacific-Bahn
Staat Kalifornien   An der Pazifikküste mit San Francisco und Los Angeles
Bemerkungen: Zahlenangaben in Mill. Einwohner.
               – bedeutet: in der Karte keine Angabe, also weniger als 250000 Einwohner.

	New York	Illinois	Colorado	Nevada	Kalifornien
Bestand um 1800:	0,5	–	–	–	–
Zuwachs 1800 – 1860	3,5	1,5	–	–	0,5
1860 – 1939	9,5	6,5	1	0,5	6,5
1939 – 1965	4,5	2,5	1	–	11,5
Bestand 1965	18	10,5	2	0,5	18,5

50/
51
Die Bilder sollen neben Landschaftlich-Physiognomischem vor allem den hohen Grad der Technisierung der Landnutzung Anglo-Amerikas an zwei Beispielen zeigen. Holzgewinnung und Ackerbau sind
vor allem technisch-ökonomische Angelegenheiten, die beteiligten Arbeitskräfte in erster Linie Tech-
niker.
Bild S. 50: 1. Zu welchem Waldgebiet der Karte S. 45 gehört dieser Bildausschnitt? – Im Norden
von d; Pazifische Küste der USA; die Alte Welt besitzt für diesen Waldtyp aus sehr hochwüchsigen
Koniferen (Mammutbäume und verwandte Arten) keine Entsprechung.
2. Handelt es sich um ursprünglichen oder angepflanzten Wald? – Die Stämme sind sehr dick und
alt, stehen planlos durcheinander: ursprünglicher Wald. Die Bäume sind älter als die Besiedlung der
pazifischen Küste durch die Anglo-Amerikaner (s. Karte S. 49).
3. Wie wird das Holz gewonnen? Vergleich mit dem bei uns üblichen Verfahren? – Kahlschlag,
vollmechanisiert mit Hilfe schwerer Arbeitsmaschinen.
Bild S. 51:
1. Vergleichen Sie die mechanisierte Ernte des anglo-amerikanischen Präriebetriebes mit Ernteverfah-
ren in Ihrer Heimat! Gibt es in Mitteleuropa ähnliche Erntemaschinen im Einsatz? Überall? Wo
nicht?
2. Welche Vor- und Nachteile hat die Verwendung von Mähdreschern? – Ersparnis an Zeit und Ar-
beitsgängen, aber hohe Anschaffungs- und Betriebskosten.

3. Stellen Sie die stufenweise Steigerung der Effektivität menschlicher Arbeitskraft an der Entwicklungsreihe: Sichel, Sense, Mähmaschine (von Pferden gezogen), Binder (von Pferden oder Traktor gezogen), Mähdrescher (selbstfahrend) heraus!

2/53 Die Tabelle und die graphischen Darstellungen dieser Doppelseite liefern qualitative und quantitative Grundlagen zur Landwirtschaftsgeographie Anglo-Amerikas.

52 Die Tabelle S. 52 führt differenzierend die Grundtabelle S. 44 fort (die hier fehlende Zeile Anglo-Amerika läßt sich leicht aus den Zeilen USA und Kanada durch Addition ergänzen) und erlaubt aufschlußreiche Bezüge, Vergleiche und sonstige Arbeitsmöglichkeiten. (Unter Mais ist hier nur Körnermais zu verstehen).

Erschließende und weiterführende Aufgaben:

1 a) Wieviel % der Ackerfläche werden in den 5 Gebieten für Weizen-, Roggen- und Maisanbau genutzt? (Gesamte Ackerfläche s. S. 44).

	Weizen	Roggen	Mais
USA	11 %	0,3 %	12 %
Kanada	29 %	0,7 %	0,7 %
Sowjetunion	30 %	7 %	6 %
BRD	17 %	12 %	0,4 %
Europa ohne SU u. Türkei	16 %	6 %	5 %

b) Stellen Sie nach der Wirtschaftskarte im Atlas die Verbreitung des Anbaus der 3 Getreidearten in den Ländern fest! c) Stellen Sie auf S. 155 die natürlichen und wirtschaftlichen Bedingungen des Anbaus der 3 Getreidearten fest! d) Motivieren Sie die unterschiedlichen Werte von 1 a) aus den Ergebnissen von 1b) und 1 c)!

2. Berechnen Sie für die 5 Gebiete die Ernten der 3 Getreidearten je ha und je Kopf (Einwohnerzahlen Tab. S. 44).

Ernte:	Weizen		Roggen		Mais	
	dz/ha	dz/E	dz/ha	dz/E	dz/ha	dz/E
USA	16	1,8	14	0,04	45	5,1
Kanada	18	12	13	0,2	20	0,3
SU	8,5	2,6	10	0,7	15	0,8
BRD	32	0,8	27	0,5	43	0,02
Europa ohne SU u. Türkei	23	1,3	19	0,3	44	0,6

In Anglo-Amerika wird als entscheidendes Maß des Ertrages im Ackerbau nicht die Ernte je ha sondern die Ernte im Verhältnis zur aufgewandten Arbeitszeit angesehen. Bei dieser Bemessungsart würde Anglo-Amerika die günstigsten Werte erzielen. Es fehlt aber an Berechnungsgrundlagen für die außeramerikanischen Bereiche. Ursachen: In Anglo-Amerika ist nicht die Betriebsfläche der Engpaß für rationelles Wirtschaften, wie vielfach in Europa und vor allem in großen Teilen der BRD, sondern der Aufwand an Löhnen (Personalkosten). Arbeitssparende Methoden sind daher in noch größerem Umfang als in der Alten Welt Voraussetzung für die Ertragssteigerung.

Diagramm links unten:

1. Vergleichen Sie die Maiserträge der USA mit der Erntesumme der übrigen hier angeführten wichtigsten Maisanbauländer der Erde!

Mais-Welternte	225 Mill t	100 %
USA-Ernte	104 Mill t	47 %
Die übrigen 7 wichtigsten Staaten zusammen	91 Mill t	40 %

2. Vergleichen Sie den ha-Ertrag bei Körnermais und anderen Getreidearten nach den Angaben auf S. 89 und 150! Beurteilen Sie danach die Eignung des Maises als Lieferant von Kohlehydraten und die Voraussetzungen für die Erzielung von Höchsterträgen!

Diagramm rechts unten: Berechnen Sie die Erntemenge je Kopf der Bevölkerung für die USA (Einwohner-

zahl Tab. S. 44) und China (Einwohnerzahl Tab. S. 150)!
USA: 117 kg/E   China: 17 kg/E

53   Diagramm:
1. Welches der aufgeführten Länder erzeugt, exportiert und verbraucht am meisten Butter je Einwohner und Jahr? – Neuseeland: Erzeugung rund 93 kg, Export rund 67 kg, Verbrauch rund 26 kg je Kopf und Jahr.
2. Stelle die absolute Rangliste der Butterexportländer zusammen! – Neuseeland, Dänemark, Australien, Niederlande, Schweden.
3. Das Diagramm zeigt, daß in den USA, der BRD und Großbritannien jährlich ungefähr die gleiche Menge Butter verbraucht wird. Trotzdem bestehen gravierende Unterschiede im Butterhaushalt der drei Volkswirtschaften! a) USA: Der Verbrauch entspricht der Erzeugung, also weder Ein- noch Ausfuhr; gegenüber den beiden anderen Ländern weniger als ein Drittel des Je-Kopf-Verbrauches!
b) BRD: Hoher Je-Kopf-Verbrauch (über 8 kg/E/J), fast keine Einfuhr mehr („Grüner Plan", „Butterberg"), c) Großbritannien: Hoher Je-Kopf-Verbrauch bei ganz geringer Eigenerzeugung; riesige Einfuhr aus allen Exportländern.

54/55   Die beiden Bilder zeigen zwei Aspekte der Viehwirtschaft in den USA. Vorschläge zur Erschließung:
1. Durch Vergleich der beiden Bilder untereinander: Auf welche Weise erhalten die Rinder von Bild S. 54 und die Rinder von Bild S. 55 ihre Nahrung? – S. 54: durch Weidegang – S. 55: durch Fütterung. – Welche Folgerungen ergeben sich daraus für die Anlage der Gesamtbetriebe, für das Personal, für das Betriebsziel?
2. Durch Vergleich mit Verhältnissen in Deutschland: z.B.: Was spricht dagegen, daß die beiden Bilder S. 54 und S. 55 in Deutschland aufgenommen sind? – a) S. 54 – Landschaft mit Trockenvegetation (niedrige Kräuter und Gräser, schütteres Buschwerk usw.) Art der Rinderhaltung (große Herde in abgezäunter Weide, von berittenen Hirten, Cowboys mit Lasso usw. zusammengehalten) usw.
b) S. 55 – Bauweise und Viehhaltung ohne jeden Anklang an Tradition; Viehzuchtbetriebe dieser Größe, Spezialisierung und Rationalisierung in Deutschland noch ganz unüblich.
3. Durch Aufhellen der Arbeitsvorgänge, und der Sorgen und Gefährdungen beteiligter Menschen: Welche Arbeit verrichten die Cowboys im Augenblick der Aufnahme des Bildes S. 54, welche anderen Aufgaben haben sie sonst noch? – Treiben der Herde in einen neuen Schlag (dabei darf die Herde nicht scheu werden, soll keinen Zaun beschädigen und zügig, ohne daß sich ein Tier verletzt, das Ziel erreichen), Bau und Ausbessern von Zäunen, Herrichten von Tränkstellen, Nachsäen von Gras, Aussondern und Markieren von Tieren, Abtransport, Seuchen- und Parasitenbekämpfung etwa durch „Dippen" (Eintauchen in eine chemische Lösung).

56/57   Die Bilder dieser Seiten sollen klarmachen, daß
1. jede landwirtschaftliche Kultur ihre besonderen Bedingungen hat, die umso sorgfältiger zu beachten sind, je höher die Rentabilitätserwartungen liegen,
2. daß mechanisierte Landwirtschaft großen Stils höchst exaktes Arbeiten von Menschen und Maschinen erfordern kann (technische Spezialisten mit hohen Lohnforderungen, keine beliebigen Tagelöhner).

56   Zur Erschließung des Bildes:
Welche technischen Schwierigkeiten wurden auf dem Feld gemeistert, bevor das Bild entstand?

a) Schaffung eines ganz gleichmäßigen, leichten Gefälles auf dem riesigen Feld, damit das Wasser die Furchen in gleicher Höhe füllen kann.
b) Anlage präzis ausgerichteter, streng parallel laufender und überall gleich tiefer Bewässerungsfurchen, die zugleich dem Räderabstand der Ernte- (s. Bild S. 57) und sonstiger Arbeitsmaschinen (z.B. zur Schädlings- und Unkrautbekämpfung) angepaßt sein müssen.
c) Gleichmäßiges Ausbringen der Saat, der Düngemittel und sonstiger Chemikalien.

58   Das Kartogramm soll a) zunächst die Unterschiede in der qualitativen und quantitativen Verteilung

der Wirtschaftserträge physiognomisch sichtbar werden lassen b) Einzelvergleiche durch exaktes Auszählen und Gegenüberstellen ermöglichen (Vorschläge: Aufgaben 1, 2, 3).

Bemerkungen: Region 5 umfaßt die Northern Central States = Nördliche Zentralregion. In Aufgabe 2 soll nach der Region 4 gefragt werden.

1.   Golfstaaten: 3   Mrd. Dollar
                Atlantische Staaten: 4,5 Mrd. Dollar

Gefragt ist nach der Höhe der Landwirtschaftserträge im Ostflügel des „Manufacturing Belt", der dichtbesiedelten Industrieballung im NO der USA (wozu allerdings die drei Staaten im äußersten N nach Ausweis des Diagramms nicht mehr gehören) und in der zumeist dünn besiedelten und weitflächig von landwirtschaftlicher Nutzung bestimmten Region von Texas und Lousiana. Das vielleicht überraschende Ergebnis erklärt sich klimatisch (Feuchtland – überwiegend Trockenland), aus dem damit zusammenhängenden unterschiedlichen Flächennutzungswert und wirtschaftlich auch aus der Nähe oder Ferne zu den Verbraucherzentren.

2. In Region 4 (Golfstaaten): Erdöl.

3. Vergleichen Sie die Wirtschaftserträge der 5 Staaten: New York, Illinois, Colorado, Nevada, Kalifornien; also der gleichen Staatenreihe wie bei Aufgabe 4 und 5 zur Karte S. 49 (vgl. auch die Orientierungshilfe). Der Vergleich beider Lösungen läßt den Zusammenhang zwischen der Wirtschaftsleistung der Einzelstaaten der USA und der Bevölkerungsdichte erkennen.

Wirtschaftserträge in Mrd. Dollar:

Staaten	Industrie	Landwirtschaft u. Fischfang	Bergbau	Gesamt
New York	19,5	1,0	0,5	21,0
Illinois	14,5	2,5	0,5	17,5
Colorado	1,0	0,5	0,5	2,0
Nevada	– –	– –	– –	?
Kalifornien	17,0	8,0	1,5	26,5

– bedeutet Erträge unter 0,25 Mrd. Dollar.

59 Das Schrägluftbild soll einen Eindruck von der Großzügigkeit technischer Anlagen in den USA vermitteln, hier vor allem dadurch auffällig, daß die unter Wasser gesetzte Fläche nicht im trockenen Ödland, sondern in einem Gebiet mit vielen Vorzügen liegt: reich an Niederschlag und Sonnenschein, lange Wachstumszeit, tiefgründiger Lockerboden, Lage im Tiefland, im Kernraum der Union, mit Verkehrswegen nach allen Richtungen. Wenn trotz der Gunstfaktoren, die sich mit Hilfe der Arbeit an den thematischen Karten des Atlas herausfinden lassen, die großen Aufwendungen geleistet wurden, dann sind besondere Ursachen zu vermuten, für deren Aufhellung der Atlas allerdings kaum Hilfen bietet. – Siehe dazu Text dieser Seite Absatz 3 und 4 (Wasserkraftwerke und Tennesee Valley Authority).
Aufgaben: 1. bis Basel – d.h. die Sohle des Rheingrabens stände unter Wasser. 2. Damm, Krone zugleich Autostraße, Durchlaß für Überschußwasser, Elektrizitätswerk, Schiffahrtsschleuse.

60/61 Die Tabelle und die beiden Säulendiagramme sind als Arbeitseinstiege für einige Hauptaspekte des Kapitels „Die Bedeutung der anglo-amerikanischen Staaten für die Erde" geeignet. Die Tabelle stellt orientierendes Grundmaterial bereit, die Diagramme differenzieren die Wirtschaftsbeziehungen der beiden Staaten nach den wesentlichen Handelspartnern.

60 Die Tabelle zeigt in knappster Form die Außenhandelswerte vier wichtiger Weltwirtschaftspartner aufgegliedert nach Ein- und Ausfuhr a) in absoluten Zahlen b) in Prozentanteilen am Gesamtwelthandel. Kanada nimmt 1966 in der Weltrangliste nicht die 4., sondern nach Frankreich und Japan die 6. Stelle ein.
Aufgaben:
1. Welcher von den 4 Staaten hat eine aktive, welcher eine passive Handelsbilanz? Stelle die Rang-

liste auf – an der Spitze der Staat mit dem (absolut) höchsten, am Schluß der Staat mit dem niedrigsten Außenhandelsergebnis.

1) USA:	+ 12,1 Mrd. DM	3) Kanada:	+ 0,3 Mrd. DM
2) BRD:	+ 7,9 Mrd. DM	4) Großbritannien:	– 8,0 Mrd. DM

2. Welchen Anteil hatte Anglo-Amerika 1966 am Welthandel: a) Einfuhr b) Ausfuhr c) Gesamtaußenhandel.
a) Einfuhr: 18,5 % b) Ausfuhr: 21,5 % c) Gesamtaußenhandel: 20 %
3. Vergleichen Sie Anglo-Amerikas Anteil am Außenhandel der Erde mit seinem Anteil an der Erdbevölkerung (1966 auf 3,4 Mrd. Menschen geschätzt); Bevölkerung Anglo-Amerikas Tab. S. 44). Beachten Sie dabei, daß die USA und Kanada derartig große Räume einnehmen, daß ihr Binnenhandel bei einer kleinstaatlichen Aufteilung (wie etwa in der Westhälfte Europas) zu einem sehr hohen Teil Außenhandel wäre.

Anteil an der Erdbevölkerung: 6,4 % Anteil am Außenhandel: 20,0 %

Die beiden Diagramme gewähren zunächst einen physiognomischen Vergleich der Außenhandelsbeziehungen der USA und Kanadas. Beachten Sie den verschiedenen Maßstab.
Frage: Mit welchen Wirtschaftsgebieten über Einzelstaatgröße unterhielten die USA und Kanada 1966 einen Handelsaustausch mit größerem Gesamtumfang als 2 Mrd. DM?

Kanada	USA
Europa mit EFTA und EWG	Europa mit EFTA und EWG Südamerika Afrika Asien

Der Handel Kanadas ist fast allein auf die USA und die westeuropäischen Staaten ausgerichtet, der Handel der USA auf alle Erdräume.

Hinweis: In den beiden Diagrammen sind für die wechselseitige Ein- und Ausfuhr der USA und Kanadas verschiedene, also widersprüchlich erscheinende Werte dargestellt. Diese entsprechen den Angaben des Statistischen Jahrbuchs der BRD und beruhen auf nicht völlig korrespondierenden statistischen Verfahren der Berichtsländer. Die Widersprüchlichkeit wurde hier nicht, etwa durch Interpolation, bereinigt. Das Gesamtbild wird nicht verfälscht, da die Werte zur gleichen Größenordnung gehören. Zur genaueren Übersicht über den Handelsaustausch zwischen USA und Kanada 1966.

Berichtsland		Einfuhr aus USA nach Kanada		Einfuhr aus Kanada nach USA
	bzw. Ausfuhr	aus USA nach Kanada	bzw. Ausfuhr	aus Kanada nach USA
Kanada		22,4 Mrd. DM		17,9 Mrd. DM
USA		22,0 Mrd. DM		19,3 Mrd. DM

Diagramm S. 60
Aufgaben: 1. Vermerken Sie bei den hier aufgeführten Handelspartnern Kanadas die 1965 erzielten Überschuß- bzw. Defizitwerte Kanadas! Vermeiden Sie eine Doppelrechnung: Großbritannien ist Mitglied der EFTA, die BRD der EWG usw.

Gegenüber	USA:	– 4,5 Mrd. DM	EWG:	+ 0,4 Mrd. DM
	EFTA:	+ 2,0 Mrd. DM	Venezuela:	– 0,6 Mrd. DM

Fragen nach der Motivation der Unterschiedlichkeit werden im Text S. 61 – 64 beantwortet.

2. 1965 hatte Kanadas Ausfuhr einen Wert von 33,0 Mrd. DM
1965 hatte Kanadas Einfuhr einen Wert von 34,4 Mrd. DM

Vergleichen Sie die Außenhandelsergebnisse Kanadas von 1965 und 1966! (Zahlen für 1966 Tabelle S. 60).
1965: – 1,4 Mrd. DM 1966: + 0,3 Mrd. DM

Diagramm S. 61

Aufgaben: 1. Vermerken Sie bei den hier aufgeführten Handelspartnern der USA die 1965 erzielten Überschuß- bzw. Verlustwerte. Nehmen Sie außer Kanada keinen Einzelstaat in die Liste, vermeiden Sie Doppelrechnung eines Gebietes.

Gegenüber	Europa:	+ 10 Mrd. DM	Südamerika:	− 1 Mrd. DM
	Asien:	+ 3,6 Mrd. DM	Afrika:	+ 0,8 Mrd. DM

2. 1965 hatte die Ausfuhr der USA einen Wert von 108,0 Mrd. DM
   1965 hatte die Einfuhr der USA einen Wert von 91,1 Mrd. DM

Vergleichen Sie die Außenhandelsergebnisse von 1965 und 1966 (Zahlen für 1966 Tabelle S. 60 oben)

1965:   + 16,9 Mrd. DM   1966:   + 12,1 Mrd. DM

62 Die beiden Diagramme eignen sich, um Vorstellungen für den Abschnitt dieser Seite „Die USA als Weltmacht" zu entwickeln.
1. Welchen Anteil hatte die Auslandshilfe der USA am Gesamthaushalt?   a) 1946 − 15 %
b) 1965 − 5 %
zu a): Abbau der Eigenausgaben, z.B. Abrüstung
   b): Anstieg der Eigenausgaben, z.B. Vietnam
2. Um wieviel % nahm der Umfang des Staatshaushalts der USA von 1940 bis 1967 zu?
550 % ! − Übernahme von immer mehr Verpflichtungen durch die Bundesregierung.
3. Deuten Sie die Berge und Täler: a) der Haushaltskurve
                                       b) der Auslandshilfeentwicklung
der USA.

Daten als Orientierungshilfe für beide Diagramme

1940	Ende der Isolierungsepoche, Beginnn von Heeresaufbau und Rüstung.
1941	Angriff Japans auf Hawaii, Eintritt der USA in den Zweiten Weltkrieg.
− 1945	Zweiter Weltkrieg, USA als finanzielle und industrielle Vormacht im Kampf gegen die Achsenmächte und Japan.
1946 − 1948	Abrüstung
1948 − 1952	Europäisches Wiederaufbauprogramm (ERP, „Marshallplan"), Güter im Wert von 14 Mrd. Dollar werden nach Europa geliefert und im „Gegenwertkonto" verrechnet, d.h. das USA-Guthaben wird in Europa investiert.
1.4.1948	Beginnn der Berliner Blockade und damit des „Kalten Krieges" und der Wiederaufrüstung.
1949	„NATO" = Nordatlantische Verteidigungsorganisation.
1950 − 1953	Koreakrieg, Ausbau der NATO-Stützpunkte.
1953	Erste USA-Wasserstoffbombe.
1957	Der „Sputnik" löst verstärkte Raketenentwicklung aus.
1960	Die OAS = Organization of American States stellt für 12 Jahre insgesamt 10 Mrd. Dollar für die wirtschaftliche Entwicklung Ibero-Amerikas zur Verfügung.
ab 1963	Beteiligung am Krieg in Vietnam, „Escalation".

63 Zur Erschließung des Bildes S. 63 oben:
1. Was läßt auf den Abbau von Eisenerz schließen? − Rostbraune Farbe an den Abbaustellen.
2. Woran ist der Tagebau zu erkennen? − Massenaushub von Deck- und Erzschichten, einzelne Gruben bereits mit Grundwasser gefüllt.
3. Welche Vorteile hat der Tagebau gegenüber dem Untertagebau? − Ohne Anlage teurer Schächte, Stollen und Fördereinrichtungen. Häufig maschinelles, also billiges Arbeiten größten Umfangs möglich.
4. Warum verwendet die Bergwirtschaft nicht ausschließlich den Abbau über Tage? − Eine Sache

der Kostenbilanz unter Berücksichtigung vieler Faktoren, summarisch: Bei Lagerung des Fördergutes in größerer Tiefe wären die Kosten für die Beseitigung des Abraums höher als die Kosten für die Anlage von Schächten, Stollen, Fördereinrichtungen und für die höheren Personalkosten des arbeitsintensiveren Untertagebaus.

5. Welche Nachteile des Tagebaus zeigt das Bild? – Riesige Mengen von Abraum müssen bewegt werden; dazu sind teure Maschinen und Transportmittel nötig. Bei Abbau unter dem Grundwasserspiegel sind Pumparbeiten nötig.

6. Auf welchem Wege wird das Erz abtransportiert? – Das Erz wird vor allem auf dem Wasserweg zu den Hüttenwerken befördert.

65   Bild: 1. Rohstoffe: Eisenerz braun, Koks schwarz, Kalk weiß.
2. Transporteinrichtungen: Seeverkehr: Hafenbecken, Kai, Schwimmkran; Landverkehr: Eisenbahn, Straßen, riesige Parkplätze; Werkverkehr: Werksbahnen zu den Werkkomplexen, Verlade- und Verteilerbrücken zur Beschickung der Hochöfen.

Europa westlich der Sowjetunion   65–80

Ziel: Europa westlich der SU soll als geschlossene Ländergruppe in ihrer Lage zwischen den großen Landblöcken Anglo-Amerika und Sowjetunion betrachtet und gewertet werden. Die knappe Darstellung verzichtet auf die Behandlung einzelner Länder. Sie bringt eine Übersicht über die Gunstfaktoren Europas, über die großräumige Differenzierung der Wirtschaft innerhalb der Ländergruppe, über den Außenhandel und die europäische Gemeinschaft. Die Übersicht über die Staaten an der Westgrenze der Sowjetunion richtet sich vor allem auf die geschichtliche Entwicklung, den gelenkten Außenhandel und die rasch fortschreitende Industrialisierung.
Als Einstieg können neben den Aufgaben S. 65, die Aufgaben S. 44, der Landschaftsquerschnitt S. 66/67 und auch der Landschaftsquerschnitt S. 82/83 dienen.

65   Aufgaben:
1a) 80° N   b) etwa 72° N   –   in Anglo-Amerika nördlichste Breite etwa 80° N, Nordalaska etwa 72° N; in der SU etwa 77° N.
2a) 36° N   b) etwa 35° N   –   in Anglo-Amerika südlichste Breite 25° N (Florida), 30° N (New Orleans); in der SU etwa 35° N (Turkestan).

66/67   Landschaftsquerschnitt: Um die Aussagen des Schnittes zu erfassen, sollte zunächst die Lage des Schnittes aus dem Hilfskärtchen (oben, links von der Mitte) vergegenwärtigt, dann der Schnitt von einem Ende zum anderen „gelesen" werden. Hier wird rechts d.h. im NO begonnen. Die Erschließung wird entsprechend einem Schwerpunkt des Textes auf die Erkundung der Ursachen für die unterschiedlichen Bevölkerungsdichten der geschnittenen Staatsgebiete abgestellt: „Suchen Sie in den vier Leisten des Schnittes Gründe für die Unterschiede der Bevölkerungsdichten."

a) Schweden: Als eiszeitliches Abtragungsgebiet verfügt Schweden nur im Süden (Schonen) und in der Mitte (Seensenke) über Niederungen mit tiefgründigem Ackerland. Dort konzentriert sich auch die Industrie. Die Waldgebiete Schwedens in der Mitte und im Norden haben nur geringe Bevölkerungsdichte und wirken sich wegen ihrer großen Ausdehnung ungünstig auf den Landesdurchschnitt aus. Nördlich der Seensenke ist die Vegetationsperiode für die meisten mitteleuropäischen Anbaupflanzen bereits zu kurz.
b) Dänemark: Als eiszeitliches Ablagerungsland mit großem Anteil der Grundmoräne und längerer Vegetationsperiode ist Dänemark ein Vorzugsgebiet der Landwirtschaft. Auch die wachsende Industrie und die Verkehrsbedeutung wirken sich in dem Anstieg der Bevölkerungsdichte gegenüber Schweden aus.

c) BRD, Niederlande, Belgien: Das Ansteigen der Bevölkerungsdichte gegenüber Nordeuropa hat verschiedene Ursachen: Größere Sommerwärme und längere Vegetationsperiode in Verbindung mit stellenweise besonders ergiebigen Böden (z.B. Löß, Marschboden) ermöglichen gebietsweise landwirtschaftliche Spezialkulturen mit großer Bevölkerungsdichte (Wein, Obst, Gemüse, Blumen usw.). Ihre alte, starke, vielseitige und immer wieder modernisierte Industrie beschäftigt zahlreiche Menschen.

d) Frankreich und Spanien: Hier sinkt die Bevölkerungsdichte unter ein Drittel der größten europäischen Dichte. In Frankreich mit seinem günstigen Übergangsklima und seinen guten Verwitterungsböden steht die Landwirtschaft (Weizen, Gemüse, Obst und Wein) in hoher Blüte. Die Industrie ist weiter verstreut als in der BRD, den Niederlanden und Belgien. Jenseits der Pyrenäen erfordert die Sommertrockenheit künstliche Bewässerung aller anspruchsvollen Kulturen. Hohe landwirtschaftliche Hektarerträge sind genau so wie die Industrie und große Bevölkerungsdichte auf bestimmte Bezirke beschränkt.

68 Zur Erschließung von Diagramm und Tabelle: An welcher Stelle steht a) Schweden, b) die BRD, c) die Türkei in den einzelnen sechs Spalten der Tabelle?

Ausfuhr je Kopf:	a) 3	b) 6	c) 15
Pkw/1000 Einwohner:	a) 1	b) 3	c) 15
TV-Apparate/1000 Einwohner:	a) 1	b) 4	c) 15
Radioapparate/1000 Einwohner:	a) 2	b) 1	c) 15
Fernsprecher/1000 Einwohner:	a) 1	b) 7	c) 14?
Bruttosozialprodukt:	a) 1	b) 5	c) 14?

Die Auswertung der Tabelle macht deutlich, daß die einzelnen Wertmesser des Lebensstandards einen spezifischen Charakter haben. Trotzdem zeigt sich, daß

1. jedes Land bei Abweichungen im einzelnen eine Art Gruppenzugehörigkeit besitzt. Diese läßt sich u.a. auch mit Hilfe des individuellen Spielraums der Rangliste verdeutlichen.
2. Die Gruppenzugehörigkeit hinsichtlich des Lebensstandards läßt eine geographische Ordnung erkennen. Diese wird leicht durch Überführung der Tabellenwerte in ein Kartogramm sichtbar — als Muster für eine solche veranschaulichende Umsetzung kann das Kartogramm auf der Nebenseite (S. 69) dienen.

69 Aufgaben zum Kartogramm:
1. a) Gerste   b) Weizen   c) Weizen   d) Weizen   e) Mais   — Mais und der größte Teil von Gerste und Hafer dienen als Futtermittel.
2. DI 76: Im westlichen Mittelmeer: Nordgrenze der Zitrusfrüchte: nördlich von Marseille (etwa 43° N); Nordgrenze des Ölbaums: reicht weiter nach N (etwa 45° N). Im östlichen Mittelmeer: Nordgrenze der Zitrusfrüchte: Albanien (etwa 42° N). In Griechenland etwa Nordeuböa (etwa 39° N). Nordgrenze des Ölbaums: weiter nördlich: Adriaküste nördlich Istrien 45° N, Griechenland Nordküste der Ägäis (etwa 41° N).
3. DI 74 V: a) Zone des nördlichen Nadelwaldes — Südgrenze in Skandinavien etwa 60° N, am Ural etwa 52° N. — b) Zone des sommergrünen Laub- und Mischwaldes — Südgrenze in Anlehnung an die Mittelmeerküste; in den Gebirgen Südeuropas greifen die sommergrünen Laubwälder weit nach S vor — c) Zone des immergrünen Hartlaubwaldes: Mittelmeergebiet mit Ausnahme der Gebirge — d) Nördlicher Nadelwald: Frostperiode 6 – 8 Monate; Hitzeperiode unter einem Monat, meistens keine. Sommergrüner Laub- und Mischwald: Frostperiode 0 – 6 Monate; Hitzeperiode 0 – 2 Monate. Immergrüner Hartlaubwald: Frostperiode 0 Monate; Hitzeperiode von über 3 bis über 6 Monate.
Tabelle: Zusätzliche Zahlen für Frankreich 1966. Weizenernte: 11 272 000 t; Hektarertrag: 28,2 dz/ha; 49,5 Mill. Einw.; Ausfuhrüberschuß: 2 881 000 t.

Lösungen:	Ernte je Kopf	Versorgung je Kopf
a) Spanien	147 kg	154 kg
a) Italien	177 kg	199 kg
b) Griechenland	228 kg	310 kg
c) Frankreich	228 kg	170 kg

Anmerkungen:

a) In den südlichen Ländern wird auch Mais zur menschlichen Nahrung verwendet. – b) Die erstaunlich hohe Produktion Griechenlands ist eine Folge der von der Regierung festgesetzten hohen Preise, die den Konsumenten belasten, die Bauern aber zu größerer Erzeugung reizen. – c) Höherer Hektarertrag dank besserer wirtschaftlicher und natürlicher Voraussetzung. Ausfuhrüberschuß: Bei höherem Lebensstandard nimmt der Verbrauch von Kohlehydraten ab.

70   Lösungen zur Tabelle: 1. Die drei nordafrikanischen Länder zusammen exportierten 1965 mehr Zitrusfrüchte als Italien. 2. Der Anteil Spaniens am Weltexport von Zitrusfrüchten beträgt knapp 30 %, der Anteil aller Länder rings um das Mittelmeer knapp 50 %. 3. Bedeutendstes Exportland ist Algerien mit etwa einem Viertel des Weltexportes. Bedeutendstes Importland ist Frankreich. 4. Frankreich importiert etwa ein Siebentel oder 14 % des Weines, der auf den Weltmarkt, d.h. in den Außenhandel kommt. Algeriens Weinproduktion kann ohne den Export nach Frankreich nicht abgesetzt werden.

Diagramm S. 70:

Erörterung etwa unter den Gesichtspunkten:

    Ganzjähriger oder jahreszeitlicher Markt
    Freiland- oder Glaskultur (Gestehungskosten)
    Klimatische Ursachen für Erntezeitunterschiede
    Transportkosten und Transportanfälligkeit der Waren.

71   Fragen zur Erschließung des Kartogramms:
1. Welcher besonders wichtige Energierohstoff ist nicht dargestellt? – Erdöl.
2. Welche Länder haben eine Kohleförderung unter 15 Mill t/J? Fasse sie womöglich zu geographischen Gruppen zusammen. – Nordeuropa, Südeuropa.
3. Welcher von den drei dargestellten Rohstoffen kommt a) in besonders großem Anteil b) nur ganz verschwindend in den Außenhandel? – a) Eisenerz b) Braunkohle.
4. Welche Länder haben eine besonders einseitige Rohstofförderung? z.B.: Schweden: Eisenerz; DDR: Braunkohle.
Antworten und Lösungen dazu im Text!

72   Das Diagramm läßt erkennen:
1. für den gegenwärtigen Zeitpunkt die räumliche Differenzierung der sozialwirtschaftlichen Strukturen europäischer Beispielsländer – 2. für jedes Land und das Ganze einen Ausschnitt aus dem allgemeinen historischen Prozeß der Industrialisierung mit ihren Begleiterscheinungen.

Fragen zur Erschließung:
a) Welches Land ist im Prozeß der Industrialisierung am wenigsten vorangeschritten? – Türkei. Woran ist dies zu erkennen? – Nur 10 % der Beschäftigten gehören zum Sekundären (rot), ebenfalls nur 10 % zum Tertiären (blau), aber 75 % noch zum Primären Sektor (grün). – b) Welches Land ist am weitesten vorangeschritten im Prozeß der Industrialisierung? – Großbritannien (Mutterland der Industrie). – 4 % I. Sektor, 47 % II. Sektor, 49 % III. Sektor.

73   Die Erschließung des Bildes kann die besonderen Vorzüge Norwegens für die Erzeugung von Hydroelektrizität einsichtig machen: Hochgelegenes Flachrelief des Fjells mit weitgespannten Mulden, (gehobener, eiszeitlich überarbeiteter Gebirgsrumpf), steiler und hoher Abfall zu den Fjorden und Tälern (Trogtäler, eiszeitliche Gletscherwirkung), Ödland, fast unbewohnt ohne bedeutenden Wirtschaftswert; Seeklima mit hohen Niederschlägen, geringer Verdunstung verhältnismäßig milden Wintern.

74   Außenhandelsdiagramme: Dargestellt sind in optisch leicht faßlicher Weise die Ausfuhrverhältnisse der drei Staaten nach Wertmengen und Bezugsländern. Der Gesamtausfuhrwert entspricht in etwa

dem Kreisinhalt, der abgerundete absolute Wert ist pro Land auszählbar (Punktsymbol), der relative ergibt sich angenähert aus der Weite des Kreissektors. Innerer Ring: Europa; äußerer Ring: Außereuropa.

Aufgaben:
1. Schätzen Sie den Anteil der Ausfuhr a) Frankreichs b) der BRD, der, im inneren Ring, zu EWG-Ländern geht! a) rd. 60 %, b) rd. 45 %.
2. Schätzen Sie den Anteil der Ausfuhr a) Frankreichs b) der BRD, der, im inneren Ring zu EFTA-Ländern geht! a) rd 20 %, b) rd. 45 %.
3. Schätzen Sie den Anteil der Ausfuhr a) Frankreichs b) der BRD, der, im äußeren Ring, nach Afrika geht! – a) rd. 50 %, b) rd. 20 %. Aus den drei überschlägigen Ergebnissen lassen sich die unterschiedlichen Vorstellungen Frankreichs und der BRD zu wichtigen Zukunftsfragen der EWG (Aufnahme Großbritanniens und anderer EFTA-Länder, Einbeziehung ehemaliger französischer Kolonien in Afrika) leicht ableiten.

76 Tabelle, als Orientierungshilfe.

77 Die Tabelle mit den beigefügten Aufgaben soll Einblick in die unterschiedliche Entwicklung des Handels der EWG-Länder untereinander und in die unterschiedlichen Interessen gegenüber den EFTA-Ländern geben. Die Aufgaben, die sich auf Frankreich und die BRD beziehen, können auf andere Länder übertragen werden. Die Rechnungen sollten kleine Schülergruppen in häuslicher Vorbereitungsarbeit durchführen.

Aufgaben:
1. a) 1. BRD, 2. Fr., 3. Niederl., 4. It., 5. Be-Lux
   b) 1. BRD, 2. Niederl., 3. Be-Lux, 4. Fr., 5. It.
   c) 1. BRD, 2. Fr., 3. Niederl., 4. It., 5. Be-Lux
   d) 1. BRD, 2. Be-Lux, 3. Niederl., 4. Fr., 5. It.

Im Gesamt-Import und Gesamt-Export steht die BRD an erster, Frankreich an 2. Stelle. Im Export in die EWG-Länder steht 1958 die BRD ebenfalls an erster Stelle, Frankreich aber erst an vorletzter Stelle.

2. a) 1. BRD, 2. Fr., 3. Niederl., 4. It., 5. Be-Lux
   b) 1. BRD, 2. Fr., 3. Niederl., 4. Be-Lux, 5. It.
   c) 1. BRD, 2. Fr., 3. It., 4. Niederl., 5. Be-Lux
   d) 1. BRD, 2. Fr., 3. Be-Lux, 4. Niederl., 5. It.

Im Vergleich zu 1958 ist Frankreich im Handel mit den EWG-Partnern auf den 2. Platz vorgerückt, während es 1958 die vorletzte Stelle einnahm. Frankreich hat also aus dem EWG-Vertrag größeren Nutzen gezogen als die Niederlande, Benelux-Staaten und Italien.

3.	Zuwachs des Gesamtexportes		Zuwachs des Exportes in die EWG-Länder	
	in Mill. DM	in % der Zahlen von 1958	in Mill. DM	in % der Zahlen von 1958
BRD	34 653	knapp 100 %	15 117	150 %
Fr.	28 565	rund 133 %	11 686	knapp 250 %

Der Gesamtexport Frankreichs ist stärker angestiegen als der Gesamtexport der BRD. Der Anteil der EWG-Partner hat sich im Export Frankreichs weit stärker erhöht als für die BRD. Für beide Länder ist der Anteil der EWG-Partner stärker gewachsen als der Gesamtexport.

4.	1958	1965
BRD	etwa 33 %	etwa 36 %
Fr.	etwa 19 %	etwa 40 %

1958 war der Anteil des Exportes in die EWG-Länder für die BRD höher als für Frankreich. Verhältnis 27 zu 22.

1965 war der Exportanteil der EWG-Länder für Frankreich weit höher als für die BRD. Verhältnis 35 zu 50.

Der EWG-Vertrag ist also Frankreich in höherem Maße zugute gekommen. Das Ergebnis entspricht dem der Aufgabe 3.
Die EWG-Länder nehmen etwa die Hälfte des Exportes Frankreichs auf, dagegen nur ein Drittel des Exportes der BRD.

5.   Anteil der EFTA-Länder am Gesamtexport

Exportland	1958	1965
BRD	10,2 Mrd. DM − 23 %	19,3 Mrd. DM − 28 %
Fr.	2,9 Mrd. DM − 12 %	6,7 Mrd. DM − 16 %

Für die BRD war der Export in die EFTA-Länder 1958 weit wichtiger als für Frankreich. Das hat sich bis 1965 nicht geändert.
Ziehen wir das Ergebnis der Aufgabe 4 mit heran, so ist das Verhältnis des Exportes in die EWG-Länder zum Export in die EFTA-Länder:
für Frankreich: 50 / 16   für die BRD: 35 / 27

6. Österreichs Export in die:	EWG-Länder	EFTA-Länder
1958	1,9 Mrd. DM	0,403 Mrd. DM
1965	fast 3 Mrd. DM	1,122 Mrd. DM

Österreichs Export in die EWG-Länder war 1958 fast 5 mal so hoch wie der Export in die EFTA-Länder, 1965 war er fast 3 mal so hoch. Absolut ist der Export in die EWG-Länder weit stärker angestiegen als der Export in die EFTA-Länder − Verhältnis: 110 / 72. Wäre der Außenhandel allein entscheidend, müßte Österreich die Mitgliedschaft in der EWG anstreben.
7. Frankreich exportiert nur 2 % seiner Ausfuhr nach Schweden, Schweden sogar weniger als 2 % nach Frankreich. Die BRD exportiert 5 % seiner weit höheren Gesamtausfuhr nach Schweden, Schweden 16 % in die BRD.

Die absoluten Exportzahlen sind: Frankreich nach Schweden: 0,75 Mrd. DM
                               BRD nach Schweden: 3,75 Mrd. DM
Frankreichs Interesse am Handel mit Schweden ist gering, das der BRD sehr groß. Deshalb muß die BRD dafür eintreten, daß die nordischen Länder (Schweden hier als Musterfall) aus dem EWG-Handel nicht ausgeschlossen werden. − Frankreich hat dagegen sehr großes Interesse am Handel mit Afrika.

Die Staaten an der Westgrenze der Sowjetunion   78 − 80

Ziel: Die Naturvoraussetzungen für die Landwirtschaft, die Industrialisierung und den Außenhandel sollen in umfassender Überschau nach den gleichen Gesichtspunkten dargestellt werden wie für das übrige Europa und die Entwicklungsländer. Es soll erkennbar werden, daß sich der Außenhandel dieser Länder nach 1945 auf den Ostblock umstellen mußte, und daß die Ostblockstaaten kaum in der Lage sind, den Entwicklungsländern ins Gewicht fallende Mengen an Exportgütern abzunehmen, d.h. Entwicklungshilfe durch Handel zu betreiben.
Einstieg und Arbeitsmittel:
Auswertung der Tabelle S. 79 und Vergleich mit Kartogramm S. 69: Die Unterschiede in den Angaben beruhen darauf, daß der Tabelle S. 79 die Durchschnittszahlen eines längeren Zeitraumes, dem Kartogramm S. 69 die Erntewerte eines einzelnen Jahres zugrunde liegen.

Wo tritt erstmals in der N−S−Reihe der Staaten vor der sowjetischen Westgrenze von Finnland bis Bulgarien/Albanien a) der Roggen, b) der Weizen, c) der Mais als Hauptgetreide auf? − a) Estland   b) Tschechoslowakei   c) Ungarn.

79   Das Diagramm erläutert den Wandel der Außenhandelsbeziehungen dieser Gebiete als Folge ihrer Eingliederung in den Ostblock.
      1. Von welchem Gebiet ist der Außenhandel nur für 1965 dargestellt (nicht für 1938)? − DDR.
      2. Welchen Prozentspielraum hatte der Außenhandel dieser Gebiete 1938 mit der Sowjetunion? − 1−3 %.

3. Welchen Spielraum hat er heute? (1965)? — 33—47 %.

4. Welches Gebiet wickelt den größten Anteil seines Außenhandels mit dem Ostblock ab? — DDR 78 %.

5. Welches Gebiet hat nach der Sowjetunion den größten Außenhandelsumsatz? — DDR: über 21 Mrd. DM; in dieser Summe ist der Interzonenhandel mit 2,5 Mrd. DM Umfang nicht enthalten.

80   Die Tabelle zeigt, wie wenig Ausfuhrgüter die Sowjetunion und der übrige Ostblock den Entwicklungsländern abnehmen. Ausnahme: Ägypten — Ausgleich für Waffenlieferungen und für die sowjetische Finanzierung des neuen Hochdammes von Assuan.

Vom Export:

Ägyptens	nimmt die SU: 35 %,	der übrige Ostblock:	20 % ab
Brasiliens	nimmt die SU: 2 %,	der übrige Ostblock:	2 % ab
der Ind. Union	nimmt die SU: 11 %,	der übrige Ostblock:	8 % ab
Indonesiens	nimmt die SU: 8 %,	der übrige Ostblock:	9 % ab
der Türkei	nimmt die SU: 4 %,	der übrige Ostblock:	9 % ab.

Die Sowjetunion   81 — 100

81   Die einleitenden Aufgaben 1—4 auf S. 44 eignen sich in gleicher Weise zur Gewinnung von Fragen und von Grundvorstellungen über Anglo-Amerika, wie über die Sowjetunion — Als Einstieg bietet sich ferner der Landschaftsquerschnitt S. 82/83 an — am besten in der Weise, daß die auffälligsten Unterschiede zwischen der außersowjetischen europäischen Ländergruppe und der SU selbst herausgelesen werden, etwa nach folgenden Gegenüberstellungen:

	Europäische Ländergruppe westl. der SU	Sowjetunion
Fläche	klein	groß
Zahlen dazu S. 44		
Bevölkerungsdichte	hoch: 90 — 300 E/km²	niedrig: 3—30 E/km²
Staatl. Gliederung	aufgeteilt, Kleinstaaten	Einheitsstaat
Stahlerzeugung		
als Maß für Kapazität	hohe Produktion	hohe Produktion
Pkw/1000 Einw.		
als Maß für Lebensstandard	viel: 90 — 400	wenig: 5

82/83   Die drei Abbildungen dieser Seiten stehen inhaltlich in engem Kontakt und ergänzen sich wechselseitig.

Beispiele für die Erschließung des Landschaftsquerschnittes:

1. Welches Gebiet der Profilzeichnung hat die niedrigste, welches die höchste Bevölkerungsdichte? Suchen Sie Ursachen dafür in den übrigen Leisten der Darstellung!

Höchste Bevölkerungsdichte: Belgien: lange Vegetationszeit, großer Anteil des Ackerlandes, stark industrialisiert, außerordentlich günstig gelegen im Netz der Verkehrswege Westeuropas und des Überseehandels.

Niedrigste Bevölkerungsdichte: Sibirien: kurze Vegetationszeit, Ackerbau auf einen schmalen Streifen beschränkt oder inselhaft, große Gebiete Tundra und Taiga mit Dauerfrostboden. Nur wenige Industrieinseln. Verkehrsfern zu den Zentren der SU und zum Weltmeer gelegen.

2. In welchem Zahlenverhältnis stehen die Bevölkerungsdichten der beiden Gebiete? — 100 : 1.

3. Wo liegt der auffälligste Stufensprung in der W-O-Reihe der durchschnittlichen Bevölkerungsdichten? — Zwischen Polen und der SU. Damit ist die Grenze zwischen den beiden großen Bereichen dieses Schnittes markiert.

3 — 4693

Beide Karten der Seiten 82/83 stellen ein Ursachen-Wirkungs-Gefüge dar: Karte S. 83 enthält die Tatsachen (Gebiete mit starkem, weniger starkem, geringem, keinem Ackerbau), die sich aus der Karte S. 82 verständlich machen lassen.

Bemerkung: Jeder Punkt der Karte S. 83 bezeichnet eine Anbaufläche von 25000 ha.

Aufgaben zur Erschließung:

1. Nennen Sie die wichtigsten Ackerbaugebiete aufgrund der Punktkarte S. 83 in Verbindung mit der physikalischen und wirtschaftlichen Karte im Atlas. – Baltische Länder, Weißrußland, Mittel- und Südrußland, Wolgaland bis zum Ural, Ukraine, mittleres Kaukasus-Vorland, Südteil Westsibiriens und Norden Kasachstans, Ackerbauinseln an der Transsibirischen Eisenbahn. Bewässerungsgebiete an der Schwarzmeerküste, am Kuban und in Turkestan.

2. Welchen großen Gebieten fehlt der Ackerbau? – Eismeerküste (Tundra), Taiga mit Ausnahme einiger Ackerbauinseln, Trockensteppe, Halbwüste und Wüste mit Ausnahme der Bewässerungsgebiete.

3. Suche Gründe für die unterschiedliche Verteilung des Ackerbaus: a) Als Auswirkung des Dauerfrostbodens (Punktlinie Karte S. 82). – Der Dauerfrostboden schließt, von wenigen Ausnahmen abgesehen, den Ackerbau aus; Verlauf der Südgrenze des Dauerfrostbodens im Vergleich zum westlichen Europa: Breite von Süddeutschland: Wirkung des extremen Kontinentalklimas. – b) In Verbindung mit der Anordnung von Feucht- und Trockengebieten während der warmen Jahreszeit! Das keilartig von Mitteleuropa bis zum Ural reichende Gebiet mit mehr als 400 mm Niederschlag und die angrenzenden Landschaften mit etwas geringeren Niederschlägen sind die Vorzugsräume des Ackerbaus. Gebiete mit weniger als 200 mm Niederschlag in der warmen Jahreszeit haben fast nur Bewässerungsfeldbau.

4. Welche Spannweite der monatlichen Durchschnittstemperaturen haben die Schnittpunkte der blauen (-20° im Januar) und der roten (20° im Juli) Rasterlinie? – Differenz von 40°.

84/85 Landschaftsquerschnitt:

Der Schnitt gehört thematisch zum Abschnitt Landschaftsgürtel S. 81/83 und zu den Karten S. 82/83; er reicht von der Tundra, hier nur angedeutet nicht benannt, über Taiga und Steppe zu den Wüsten und Hochgebirgen Turkestans und kreuzt den Schnitt S. 82/83 im Bereich Ural/Westsibirien.

Auf die graphische Darstellung der Bevölkerungsdichte ist wegen der Unergiebigkeit der statistischen Grundlagen verzichtet. Die Verteilung der Städte, des Acker- und des Bewässerungslandes bieten in diesem Fall ausreichende Grundlagen für die Beurteilung der Siedlungsdichte.

Fragen zur Erschließung:

1. Welcher Landschaftsgürtel setzt sich nach NW über den Schnitt hinaus fort (Dl. 74 V, 76)? – Tundra.

Wie lange dauert dort die Vegetationszeit (Dl. 75 IV)? – Weniger als vier Monate. (Vegetationszeit bei ausreichenden Niederschlägen: Anzahl der Monate mit Durchschnittstemperatur über 5 Grad).

2. Warum setzt sich der Ackerbau vom Süden Westsibiriens nicht weiter nach Südosten fort? – Immer höhere Sommertemperaturen, immer geringere Niederschläge, immer höhere Verdunstung: Trockensteppe, Halbwüste, Wüste.

3. Welcher ausgedehnte Vegetationsgürtel Osteuropas fehlt auf diesem Schnitt (Karte S. 82)? – Laub- und Mischwald. Ursachen dafür enthält die Karte S. 82: Nach O zu fortschreitende Annäherung der langen, harten Winter (von N her) und der trockenen, heißen Sommer (von S her).

85 Mit dem Diagramm beginnt eine Reihe von vier einander ähnlichen graphischen Darstellungen, die wichtige Sachverhalte der volkswirtschaftlichen Entwicklung der Sowjetunion im Zeitraum von 1913–1965 bzw. 1967 darstellen. Bei den ersten beiden ist der Maßstab auf der Ordinate nicht linear.

1. 1913   Letztes Jahr vor Erstem Weltkrieg.
   1928   Beginn der Zwangskollektivierung (Stalin).
   1932   Tiefstand der ldw. Produktion als Folge der Kollektivierung. Mangel an Maschinen. Besserung durch allmählichen Maschineneinsatz und Einspielen der neuen Organisation.
   1941/45 Die SU Kriegsschauplatz; die Störungen lassen sich nur langsam beseitigen.

ab 1950: Überwindung der Kriegsfolgen; Ausweitung der ldw. Nutzfläche.

2. Gegenüber 1913 werden je Kopf der Bevölkerung erzeugt:

1928: gleich viel Rindfleisch; über ein Drittel mehr Schweinefleisch, aber 15 % weniger Getreide.
1932: Die Produktion von Getreide pro Kopf der Bevölkerung sinkt gegenüber 1913 auf 75 %, von Rind- und Schweinefleisch auf rund 50 %.
1940: Die Getreide- und Schweinefleischproduktion/Kopf hat sich bis auf einige % der Bevölkerungsentwicklung angeglichen; Rindfleisch erreicht aber nur rund 60 % der Erzeugung/Kopf von 1913.
1950: Die Pro-Kopf-Produktion von Getreide, Schweine- und Rindfleisch erreicht nur rund 70 % der Pro-Kopf-Produktion von 1913.
1965: Die Getreideproduktion hat sich der Bevölkerungsentwicklung von 1913 angeglichen. Die Erzeugung von Rindfleisch liegt um 10 %, diejenige von Schweinefleisch gegenüber dem Bevölkerungszuwachs um 60 % höher als 1913.

87 Bild: Als Einstieg für den Abschnitt Kollektivierung verwendbar. Frage: Was ist auf diesem Bild anders als wir es von unseren Agrarlandschaften kennen? – Statt weniger, meist familieneigener Arbeitskräfte, wie in den deutschen Familienbetrieben üblich, hier mehrere Frauen als Arbeitsgruppe eines Großbetriebes. Die Fläche nicht in kleine oder mittlere Parzellen, sondern in große Schläge eingeteilt: Wiesen im Talgrund, Ackerland am Hang. Statt einzelner Familienhöfe hier große Schuppen als Ställe für das Vieh, davor zwei kleine Normwohnhäuser.

Zur Tabelle: Frage: Um das Wievielfache übertrifft die Nutzfläche der a) Sowchosen b) Kolchosen das Hofland der Kolchosniki an Ausdehnung? – a) 64mal, b) 49mal.
(Hofland der Kolchosniki: Nutzung für Eigenverbrauch und Verkauf. Arbeitern und Angestellten überlassene Fläche: ähnlich Schrebergarten fast nur für Eigenverbrauch.)

88 Bemerkung zur Tabelle:
Der ungleichmäßige Arbeitsanfall und -einsatz auf den Kolchosen läßt die Angabe einer durchschnittlichen Beschäftigtenzahl nicht zu. Dafür ist hier die durchschnittliche Zahl der Kolchoshöfe je Kolchose genannt.
Aufgaben:
1. Wie groß ist der Anteil der Anbaufläche an der ldw. Nutzfläche durchschnittlich bei a) den Kolchosen, b) den Sowchosen?

– a) 48 %, b) 31 %, d.h. bei den Kolchosen wird rund die Hälfte, bei den Sowchosen mehr als zwei Drittel der ldw. Nutzfläche nicht durch Ackerbau genutzt (Brache, Steppe, Dauergrünland).

2. Wie groß ist die Gesamtanbaufläche der a) Kolchosen b) Sowchosen? – a) 108 Mill. ha, b) 90 Mill. ha
3. Wieviel Traktoren besitzen a) die Kolchosen, b) die Sowchosen durchschnittlich je 1000 ha Anbaufläche? – a) 6, b) 14
4. Welche landwirtschaftlichen Erzeugnisse der SU werden auf sehr ungleich großen Flächen zu mehr als einem Drittel a) von Kolchosen, b) von Sowchosen, c) vom Privatsektor hergestellt?

a) Getreide, Zuckerrüben, Milch – b) Getreide, Gemüse – c) Kartoffeln, Gemüse, Fleisch, Milch, Eier.

89 Das Bild macht den Propagandanamen „Getreidefabrik" für einen wichtigen Sowchosentyp verständlich.

Lösungen zu den Tabellen:
Kartoffelernte 1966/Kopf der Bevölkerung in kg: 1. Polen: 1344, 2. DDR 765, 3. SU: 378, 4. BRD: 317, 5. CSR: 286, 6. Frankreich: 224, 7. USA: 71
Roggenernte 1966/Kopf der Bevölkerung in kg. 1. Polen: 253, 2. DDR: 112, 3. SU: 69, 4. CSR: 58, 5. BRD: 45, 6. Frankreich: 6, 7. USA: 4
Als Grundnahrungsmittel können Kartoffeln und Roggen in Polen, der DDR und der SU gelten, als wichtige Nahrungsmittel in der BRD und der CSSR. Kartoffeln haben in den USA, Roggen und Kartoffeln in Frankreich und den USA als Nahrungsmittel keine große Bedeutung.

2. Um die Je-Kopf-Ernte zu erzeugen, wurden 1966 an Ackerfläche (in a) benötigt:

	Kartoffeln	Roggen
Sowjetunion	3,7 a	6,9 a
Polen	8,7 a	14,1 a
Tschechoslowakei	3,3 a	2,9 a
DDR	4,3 a	5,0 a
BRD	1,2 a	1,7 a
Frankreich	1,2 a	0,3 a
USA	0,3 a	0,3 a

1 a = Rechteck 37 m lang, 10 m breit

90 Zum Diagramm:
1. Der Vergleich der Kurvenzüge soll erkennen lassen, daß erstens der entscheidende Schritt zum Industrieaufbau 1928 gemacht wurde – Anstieg der Zahl der Industriearbeiter und der Stahlproduktion – und daß zweitens die Textilindustrie (als Teil der Konsumgüterindustrie) gegenüber der Schwerindustrie nur wenig gefördert wurde. Zum Vergleich mit der Entwicklung anderer Staaten lassen sich heranziehen: Indien-Tabelle S. 144, China-Tabelle S. 154.
Fragen: 1. Welchen Wert erreichen die Kurvenzüge 1965 im Vergleich zu 1913?

Gegenüber 1913 (100 als Grundwert) erreicht 1965

die Einwohnerzahl den Wert	150	die Zahl der Industriearbeiter	500
die Getreideproduktion	140	die Stahlproduktion	2200
die Baumwollweberei	200	die Steinkohlenförderung (aus Diagramm S. 93)	1800

2. Welche Wirtschaftszweige haben sich von 1913–1965 a) besonders stark, b) weniger stark, c) wenig oder gar nicht ausgeweitet? –
a) Schwerindustrie, Bergbau. b) Konsumgüterindustrie. c) Getreidebau (s. dazu Diagramm S. 85).

91 Bild – im Zusammenhang mit Diagramm S. 90 (Ausbau der Industrie, damit auch der technischen, naturwissenschaftlichen und mathematischen Ausbildung von Führungskräften) und der Tabelle S. 91 unten (Rückgang des Analphabetismus, Ausbau des Schulwesens aller Sparten, mit Schwerpunkt der naturwissenschaftlich-technischen Zweige).

93 Aufgaben zur Erschließung des Diagramms:
1. Rangliste der Steinkohle fördernden Staaten

1913	1965
1. USA	1. USA
2. Großbritannien	2. China
3. BRD	3. SU.
4. SU	4. Großbritannien
5. China	5. BRD

2. Wann überholte China mit seiner Fördermenge a) die BRD, b) Großbritannien, c) die SU? –
a) 1952 b) 1954 c) 1966.
3. Wann begann der starke Ausbau der Kohlenförderung in den a) „alten" Kohlenländern b) „jungen" Kohlenländern? a) 19. Jhd., b) SU 1928 (Stalin), China 1950 (Mao).

94 Zum Bild: Warum entwickelt sich in der wüstenhaften Landschaft (vgl. dazu die Landschaftsgürtelkarte im Atlas!) bei den nassen Stellen im Vordergrund kein Pflanzenwuchs? – Die Bohlenwege zu den Bohrtürmen zeigen, daß sich in den Vertiefungen kein Wasser, sondern Erdöl ansammelt.
Fragen zur Erschließung der Tabelle:
1. Wieviel Pkw kommen auf einen Lkw? – In der BRD: 11,6 Pkw, in der SU: 0,3 Pkw, in den USA: 5,1 Pkw.

2. Gründe für die auffälligen Unterschiede: a) BRD: Eisenbahn (subventionierter Staatsbetrieb) und Binnenschiffahrt haben großen Anteil am Güterverkehr. Hoher Lebensstandard. – b) SU: Fernstraßen noch wenig ausgebaut; Zahl der Lkw je 1000 Einwohner kleiner als in der BRD und ganz erheblich niedriger als in den USA. Lebensstandard erlaubt nur wenigen den eigenen Pkw. – c) USA: Hervorragendes Fernstraßennetz; starker Bedeutungsschwund der (privaten) Eisenbahnen; höchster Lebensstandard.

95 Aufgaben:
1. Moskau ist durch leistungsfähige Binnenwasserwege verbunden mit: Ostsee, Weißem Meer, Kaspisee, Asowschem Meer und Schwarzem Meer.
2a) Transsibirische Eisenbahn von Moskau bis Wladiwostok über 8000 km. Ganzjährig befahrbar, aber für Massentransport, sperrige und schwere Güter nur beschränkt leistungsfähig. – 2b) Nördlicher Seeweg von Archangelsk bis Wladiwostok, geht durch eigene Küstengewässer, erlaubt Massengütertransport, ist aber nur etwa drei Monate im Jahr offen und verursacht hohe Kosten für Eisbrecher, Wetter- und Lotsenstationen usw. – 2c) Seeweg über Mittelmeer, Rotes Meer, Indischen und Pazifischen Ozean, führt durch fremde Gewässer, und durch leicht zu kontrollierende Passagen (z.B. Dardanellen, Suez-Kanal), sehr weiter Weg, aber ganzjährig befahrbar. – 2d) Flugzeug lohnt sich nur für wertvolle Güter, kann Massentransportmittel nicht ersetzen.
3. Der Eisverschluß dauert etwa ein halbes Jahr, daher keine rationelle Nutzung. Der Kanal hätte die sechsfache Länge des Mittellandkanals zwischen Ems und Elbe, müßte Höhenunterschiede ausgleichen und mindestens drei Ströme queren.

96 Das Diagramm steht thematisch in engem Zusammenhang mit Diagramm S. 93.
Fragen:
1. Um das Wievielfache nahm die Stahlerzeugung der einzelnen Gebiete von 1913 bis 1967 zu? –
1. SU rund 50fach, 2. Großbritannien rund 3fach, 3. BRD rund 2fach, 4. EWG rund 3fach, USA rund 4fach.
2. Wann überholte die SU in der Stahlerzeugung a) Großbritannien b) die BRD c) die EWG? –
a) 1928 b) 1940 c) 1963.

Aufgaben:
1a) Am wichtigsten ist das Gebiet im NO von Moskau (Iwanowo), dann Turkestan zwischen Aschchabad und Taschkent – 1b) Leningrad, Moskau, Donezbecken (Kohlechemie), Baikalsee (Aluminium, Uran), an der Wolga (Raffinerien) – 1c) Raum Moskau-Tula, Don-Dnjepr-Gebiet, Industriestädte an der Wolga von Gorki bis Wolgograd, Ostseite des Mittel- und Süd-Ural, Kusnezk-Gebiet, Irkutsk.
2. Für Baumwolle am wichtigsten sind die Oasen in Turkestan, dazu die nördliche Schwarzmeerküste.
3. Am Kaukasus Baku, Grosny, Maikop; das zweite Baku zwischen Wolga und Ural; Emba-Gebiet (NO-Küste des Kaspisees); Sachalin, Galizien (Lemberg).

97 Fragen zur Karte: 1. Was bedeuten die Namen a) Donbass, b) Kusbass? – Die Silbe „bass" Abkürzung von Bassin, franz. Becken, Kohlenbecken, Steinkohlenrevier. a) Donbass = Donez-Bassin, b) Kusbass = Kusnezk-Bassin.
2. Woran zeigt sich die Verkehrsbedeutung der beiden großen Steinkohlen- und Schwerindustreviere? – Knotengebiete der Eisenbahnlinien.
3. Welche Gebiete haben a) keine Eisenbahnen und Kanäle, ein besonders dichtes Netz der Verkehrswege (vgl. die Karten S. 82/83)? – a) Tundra und Taiga Sibiriens, b) europäischer Teil der SU und Westsibiriens.
Fragen zur Tabelle: 1. Welche dieser heutigen Großstädte sind erst nach 1926 entstanden? Dazu kurze Angaben über die Lage und wirtschaftliche Bedeutung (Wirtschaftskarte im Atlas).

Magnitogorsk: am Ostrand des waldreichen Südural, „Magnetbergstadt", Eisenerz- und Hüttenstadt.

Karaganda: in Nordkasachstan, Steinkohlen- und Hüttenzentrum.
Komsomolsk: „Jungkommunistenstadt", Verwaltungs- und Hüttenzentrum in Sowjet-Fernost.

2. Welche der heutigen Großstädte waren 1926 erst Kleinstädte? Dazu kurze Angaben über die Lage und wirtschaftliche Bedeutung (Wirtschaftskarte des Atlas).

Murmansk: „Nordmannenstadt" im ersten Weltkrieg an der eisfreien Küste Nordkareliens als Endpunkt der Murman-Bahn gegründet, große Bedeutung im zweiten Weltkrieg.
Nowokusnezk: gegründet als eine Zeche für die Kohlenversorgung der Transsibirischen Bahn, Zentrum des späteren Kusbass (SO Westsibiriens).

3. Warum haben sich die Einwohnerzahlen von Moskau und Leningrad seit 1950 nur unwesentlich verändert? — Schon vor der Industrialisierung Großstädte und die wichtigsten Zentren des Gesamtstaates. Staatliche Lenkung des Zuzugs.
4. Wie ist die Abnahme der Einwohnerzahl Leningrads zwischen 1939 und 1950 zu erklären? — Im 2. Weltkrieg stark zerstört.

98   Tabelle: Die Gesamtzahl der Einwohner der SU (231,9 Mill.) dieser Tabelle hat den Stichtag 1.1.66 zur Grundlage (Statesman Yearbook 1967/68). Die in der Tabelle S. 44 genannte Zahl von 233 Millionen Einwohnern (Monthly Bulletin, United Nations) bezieht sich auf das Ende des Jahres 1966. Hier ist Gelegenheit über die Problematik der Statistiken zu sprechen.

Aufgaben	Flächenanteil	Bewohneranteil
1. 1. Slawische Gruppe	80 %	78 %
2. Turkestanische Gruppe	17 %	13 %
3. Kaukasische Gruppe	1 %	5 %
Baltische Gruppe	1 %	3 %
(Rest Moldauische Republik)		

2. Baltische Gruppe: 1. Evangelische 2. Katholische 3. Orthodoxe Christen — bis auf die seit der Zaren- und Sowjetherrschaft zugezogenen Russen also ähnliche Verhältnisse wie in Mitteleuropa.
Turkestanische Gruppe: 1. stark überwiegend Mohammedaner 2. kleiner Anteil Orthodoxe — bis auf die seit der Zaren- und Sowjetherrschaft zugezogenen Russen also entsprechend wie im ganzen islamischen Orient.
3. Rumänisch: Es gibt sonst keine Angehörigen der romanischen Sprachengruppe in der SU.

99   Aufgaben:
1. a) 278   b) 1011   c) 2368   d) 3669
2. a) 100 : 3119 31fache Zunahme
   b) 100 : 10997 110fache Zunahme = über 3,5 mal größer als a)

3. Zunahme im Handel mit

DDR	38 %	Bulgarien	7 %
Tschechoslowakei	13 %	Rumänien	13 %
Polen	42 %		
Ungarn	62 %	Verstärkung der Comecon-Bindungen.	

Abnahme im Handel mit

China	53 %
Albanien	35 %
Westliche Welt	42 %

100   Aufgaben zur Erschließung der Karte und zur topographischen Übung:
1. Welche Staaten außerhalb unmittelbarer territorialer Berührung sind hier als befreundet mit der SU bezeichnet
a) in Asien — Nord-Vietnam, Syrien, Irak   b) in Afrika — Ägypten, Algerien   c) sonstige — Kuba.
2a) Welche blockfreien Staaten weist die Karte für Europa aus? Wie liegen die meisten von ihnen

zu den Machtblöcken? – a) Irland, Schweden, Finnland, Schweiz, Österreich, Jugoslawien – b) im Kontaktfeld zwischen den Blöcken.

3. Welche Staaten sind hier zugleich als mit der SU und mit China befreundet bzw. verbündet gekennzeichnet? – Nord-Korea, Nord-Vietnam.

4. Welcher europäische Staat gehört den meisten Bündnissystemen an? Warum? – Großbritannien, Überrest an Verpflichtungen und Verbindungen aus der Vergangenheit als Weltmacht.

Japan

101 – 104

Ziel: Japan wird in dem kurzen Kapitel als das Musterland dargestellt, das sich als einziges außerhalb der von Europäern geprägten Kulturgebiete der Erde zu einem voll entwickelten Industriestaat emporgearbeitet hat. Die Stufen dieses steilen Weges, die Bedingungen, die den Aufstieg förderten oder hemmten, und die Probleme des Gegenwartstandes sollen einsichtig und für die nachfolgende Darstellung der Entwicklungsländer fruchtbar gemacht werden.

Einstieg: Bearbeitung der vorbereitenden Aufgaben S. 101

101   Lösungen der Aufgaben:

1. Auf 45° N (Nord-Hokkaido) liegen Bordeaux, Turin, Mailand, Venedig, Belgrad, Simferopol auf der Krim.

Auf 32° N (Süd-Kiuschu) liegen Marrakesch, Tripolis, Bengasi, Alexandria, Port Said. Erkenntnis: Japan liegt im Breitenstreifen zwischen Mailand und Tripolis in Libyen.

2. Japan hat sieben Millionenstädte (Tokio, Osaka, Nagoja, Yokohama, Kioto, Kobe und die neue Städtegemeinschaft Kitakiuschu). Deutschland hat drei Millionenstädte (Berlin, Hamburg, München), Frankreich hat eine (Paris). Erkenntnis: Japan hat ganz erheblich mehr Millionenstädte als Deutschland und Frankreich.

3. Japan ist sowohl durch Erdbeben wie durch Wirbelstürme stark gefährdet, während Europa von letzteren frei und nur im Mittelmeergebiet erdbebengefährdet ist. Nordamerika dagegen leidet ebenfalls unter Wirbelstürmen und hat Erdbeben an der Pazifikküste.

4. Am Fudschijama lassen sich folgende Höhenstufen unterscheiden:

1. Kulturland (0 – 1200 m) a) Am Fuß des Berges in den Niederungen und Flußtälern Reisanbau (über die Hälfte des gesamten Kulturlandes), unterbrochen von zahlreichen Siedlungen, die bevorzugt am Übergang zur nächsten Höhenstufe liegen, und von wenigen Obstbaumkulturen. b) Oberhalb der Niederung ziehen sich den unteren Hang hinauf Flächen mit Weizen, Maulbeerbäumen, Teesträuchern und anderen Kulturpflanzen, die ohne Bewässerung auskommen (Regenfeldbau).

2. Wald und Buschwerk (100 – 2500 m).

3. Ödland (100 – 3776 m); große Flächen in allen Höhenlagen, v.a. auch oberhalb der Vegetationsgrenze, wo von etwa 2500 m Höhe ab der Vulkangipfel besonders steil ansteigt; dieser liegt etwa ein dreiviertel Jahr unter Schnee.

Die Bucht von Osaka gehört zu den bedeutendsten Industriegebieten Japans. Im Bereich des Kartenausschnittes wohnen fünf Millionen Menschen – ebensoviel wie im Ruhrgebiet – davon 3,2 Millionen in Osaka und 1,2 Millionen in Kobe. Die Bucht bildet den größten Hafenbereich Japans. Bei der Industrie überwiegt noch die alte Textilindustrie, besonders im S und O der Bucht, aber die Metallindustrie ist sehr stark vertreten. Sie dient besonders dem Schiffsbau. Im Kartenausschnitt liegen – in der Signatur nicht erkennbar – allein sechs große Eisenhütten, die japanischen Großkonzernen gehören. Als dritte große Industriegruppe ist die chemische Industrie besonders in Kobe mit vielen kleineren Betrieben vertreten.

101   Aufschließende Fragen zur Tabelle links unten: 1. Welche Rohstoffe für die Industrie müssen eingeführt werden und in welchem Ausmaß? – Besonders Eisenerz, Erdöl und Baumwolle.

2. Was sagen die Zahlen über die Energiebasis Japans? – Kohlen in erheblichen Mengen im Lande vorhanden, Erdöl fast überhaupt nicht. Aus der Tabelle geht nicht hervor, daß Elektrizität zu einem großen Teil aus Wasserkraft gewonnen wird.

3. Was ergibt sich aus der Tabelle für die Außenhandelspolitik Japans? – Japan ist auf große Importe von Industrierohstoffen und Lebensmitteln angewiesen. Schluß: Um diese großen Importe bezahlen zu können, muß Japan viel exportieren.

Erschließende Fragen zum Diagramm:

1. Wie hat sich die Verteilung der Beschäftigten von 1947–1965 geändert? – Die Landwirtschaft hat ab-, die anderen Berufssparten haben zugenommen.

2. Welcher der drei Berufssektoren überwiegt heute, der primäre (Landwirtschaft), der sekundäre (Industrie) oder der tertiäre Sektor (Handel, Verkehr und andere Dienstleistungen)? – Der tertiäre Sektor überwiegt.

Den Vergleich mit den Verhältnissen europäischer Staaten erlaubt Diagramm S. 72.

102   Zur Erschließung der Tabelle S. 102 oben:

1. Vgl. Japan und die BRD nach ihrer Bodennutzung! – Die BRD hat mehr Nutzfläche und Ackerland, auffallend ist der ganz kleine Anteil von Wiesen und Weiden in Japan.

2. Warum hat Japan eine so geringe Nutzfläche und so viel Wald? – Hochgebirgsland mit nur schmalen Küstenebenen.

3. Warum ist der Anteil an Dauergrünland in Japan so gering? – Sehr wenig Viehzucht, fast keine Rinderhaltung. Der Eiweißbedarf wird hauptsächlich durch Fischfang gedeckt. Bemerkenswert ist, daß Japan, wo 3,5mal soviel Einwohner auf ein ha ldw. Nutzfläche als in der BRD kommen, sich zu 80 % aus dem eigenen Land ernähren kann, die BRD nur zu 75 %.

Zum Diagramm links unten:

Um wieviel % haben die Bevölkerungszahlen a) Japans und b) Frankreichs von 1800–1967 zugenommen? – a) 300 % b) 100 %.

Zur Erschließung der Tabelle rechts unten:

1. Vgl. Import und Export! Wie kann man Japans Wirtschaftsstruktur demnach bezeichnen? – Industrielles Veredlungsland mit weiterverarbeitender Industrie.

2. Wie hat sich Japans Exportstruktur von 1935–1960 geändert? – Vom Textilexport ging Japan zu Produktion und Export solcher Erzeugnisse über, an denen sich mehr verdienen läßt, wie: Bau von Schiffen, Maschinen, Autos und Motorrädern, Elektrogeräten. Am Endpreis haben Löhne und Gewinn einen größeren Anteil als bei Massentextilien.

3. Welche Aufgabe hat in Japan die Fischerei? – Der Fischfang versorgt Japan mit Eiweißnahrung und hat somit dort die gleiche Aufgabe wie die Viehzucht in Europa. In Peru wird der gefangene Fisch großteils zu Fischmehl (Futtermittel) verarbeitet, in Japan als Frisch- oder Konservennahrung verwendet.

103   Bild und Begleittext machen zusammen beispielhaft den großen Exporterfolg der japanischen Elektroindustrie einsichtig.

Erschließende Frage: Warum können in den alten hochspezialisierten Industrieländern Europas große Mengen japanischer Elektrogeräte trotz weiten Transportweges und starker ansässiger Konkurrenz verkauft werden? – Niedrigere Gestehungskosten in Japan:

1. Niedrige Löhne, besonders für Frauen und Mädchen, dabei starke Volksvermehrung, keine Vollbeschäftigung, Überschuß von Arbeitskräften, saubere und geregelte Arbeit besonders begehrt.

2. Diszipliniertheit und Geschicklichkeit, wie sie die Arbeit in dieser Fabrikhalle verlangt, in Japan seit vielen Jahrhunderten, wenn auch in anderen Tätigkeiten, eingeübt (z.B. Erzeugung von Reis, Seide, Tee usw.).

3. Niedrige Endpreise durch Massenproduktion und weitestgehende Rationalisierung (nach amerikanischem Vorbild).

4. Kapitalinvestitionen für 3. erreicht durch Konzernbildung.

104 Zur Erschließung des Bildes vgl. Bild S. 103
1. Von woher stammen die Anregungen zur Bauweise und Einrichtung von Bild S. 103 und Bild S.
104? – Fabrik S. 103 Vorbilder aus der Industrie Anglo-Amerikas, bzw. Europas. Tempel S. 104,
einheimische, ostasiatische Tradition.
2. Was sagen die beiden Bilder darüber, in welchen Lebensbereichen sich die japanische Bevölkerung
a) europäisch-nordamerikanischen Leitbildern angeschlossen hat und b) in welchen nicht? – a)
Wirtschaft, v.a. Industrie, Verkehr, Wissenschaften. b) Religiosität, geistige und ästhetische Tradition.
3. Warum wurden in Japan bis in die moderne Zeit hinein Holzbauten bevorzugt? – Hoher Wald-
anteil Japans, größere Erdbebensicherheit (beim damaligen Stand der Technik) als etwa bei Stein-
oder Ziegelbauten, ästhetisches Lebensgefühl.

Länder am Anfang der Industrialisierung   105 – 155

Ziel: An ausgewählten Länderbeispielen sollen die wichtigsten Tatbestände herausgestellt werden, die
allgemeintypisch für die Gesamtheit der Entwicklungsländer oder spezialtypisch für das einzelne Land
bzw. einen größeren geographischen Bereich sind. Einstieg möglich durch Auswertung der Über-
sichtskarte S. 105.

105 Auswertung der Karte:
1. Orientierungsfragen: Welcher Breitengürtel ist a) besonders stark b) in geringerem Maß industrialisiert? – a) Mittelbreiten der Nordhalbkugel von den Subtropen bis maximal über den Polarkreis
hinaus. b) Mittelbreiten der Südhalbkugel.
2. Zur Feinorientierung und topographischen Übung:

Fragen: In welchen Staaten sind nach dieser Karte von den Erwerbstätigen in der Industrie beschäftigt:
a) 30–50 % b) teils 30–50 %, teils weniger c) 10–30 % d) teils 10–30 %, teils weniger e) unter
10 %
a) Schweden, Deutschland, Niederlande, Belgien, Großbritannien, Schweiz, Österreich, Tschechoslowakei – b) Norwegen, Frankreich, Italien, Sowjetunion, Japan, Australien, USA, Uruguay, Argentinien
– c) Ungarn, Rumänien, Bulgarien, Griechenland, Spanien, Portugal, Kuba, Kolumbien, Philippinen,
Neuseeland – d) Türkei, Israel, Ägypten, Südafrikanische Union, Mexiko, Chile, Malaysia, China,
Korea – e) Die meisten afrikanischen Staaten, Saudi-Arabien, Irak, Iran, Afghanistan, Pakistan, Birma, Thailand, Laos, Vietnam, Indonesien, Paraguay, Bolivien, Mittelamerikanische Staaten.

106 Länder in Afrika   106 – 119

Ägypten   106 – 111

Ziel: Jedes Entwicklungsland hat seine besonderen Probleme. An ausgesuchten Landesbeispielen sollen die wichtigsten Tatsachen und Fragen erörtert werden, die typisch für die Entwicklungsländer
sind. Der Weg vom Spezialfall zum allgemeinen Problem beginnt mit Ägypten: Die Unterlegenheit
alter Traditionen, auch wenn sie zu ihrer Zeit Höhepunkte kultureller Entwicklung waren, gegenüber
der modernen Industriewelt, die Auswirkungen der Überbevölkerung auf einen Agrarstaat als viel-
schichtiges Problem (Ernährung, Lebensstandard, Arbeitsplatz) wird ebenso erkennbar wie staatliches
Handeln (Bodenreform, Industrieplanung, Verstaatlichung, Ausbildung, Verträge, Großprojekte).

Einführungsaufgaben.

1. Zwischen 32° und 22° N. Unter 1 Einwohner/qkm: Die Wüstenländer Libyen, Mauretanien und das südliche Algerien; 3 E/qkm: Das hochgelegene Wüstengebiet Saudiarabien; 5−10 E/qkm: Nord-Mexiko (Hochland mit Dornsavanne); 60 E/qkm: West-Pakistan (Flußoase in wüstenhafter Umgebung); über 350 E/qkm: National-China (fruchtbares Gebiet, reichliche Sommerregen). Ägypten hat als ganzes 30 E/qkm, die Niloase sogar 850 E/qkm.

2. Ägypten: Wüstenklima mit Niederschlägen unter 50mm/J. Ausnahme Streifen an der Mittelmeerküste mit mediterranem Klima, 100−200mm/J.

Sudan: Im N Wüstenklima. Südlich des 5. Kataraktes zunehmende Niederschläge (Khartum: 160mm/J, Südgrenze: über 1000mm/J), von Dornsavanne über Trockensavanne in Feuchtsavanne übergehend. Sommerregenzeit.

Uganda: Hohe Niederschläge, z.T. über 2000mm/J. Feuchtsavanne, z.T. Regenwald. Doppelte Regenzeit.

Äthiopien: 1000−1500mm/J Niederschlag, Feuchtsavanne. Sommerregenzeit.

3. Nildelta (DI. 86): Rund 16000 qkm. Zahlreiche Flußarme und Schiffahrtskanäle, große und kleine Bewässerungskanäle. Flaches Land (0−30 m ü.M.). Dichtes Straßen- und Eisenbahnnetz.

Niltal: (DI. 110) Rund 17000 qkm, 5−25 km breit; Fluß selbst: 0,5−2 km breit. Mehrere große Bewässerungskanäle (mit zahlreichen Nebenkanälen) zweigen vom Nil oberhalb von Stauwehren ab. Niltal eben, leicht nach S ansteigend (30−100 m ü.M.). Fluß wegen jahreszeitlichem Wassermangel nur für kleine, flache Schiffe befahrbar. Eisenbahnlinie am Fluß, Straßen.

El Fayum (DI. 110, IV): rund 1700 qkm, vom Josefskanal bewässert (alter Nilseitenarm) mit zahlreichen Nebenkanälen; viele Verteilerwehre; Ableitung des salzigen Überschußwassers zum Kerun-See (Depression -45 m). Eisenbahn- und Straßenverbindung.

Gesireh (DI. 110, V) rund 5000 qkm. Zwei große Bewässerungskanäle zweigen vom Blauen Nil am Sennar-Staudamm ab. Flachland etwa 400 m ü.NN. Eisenbahnlinie mit Abzweigungen, Straßen nur von lokaler Bedeutung.

4a) Ägyptens ha-Erträge übertreffen die von Indien und Pakistan um ein Mehrfaches, auch die von Mexiko und Brasilien (S. 127). In Ägypten höherer Mineraldüngerverbrauch als in den tropischen Entwicklungsländern.

b) Ägyptens ha-Erträge übertreffen auch die der USA (Ausnahme Reis) bei etwa doppeltem Mineraldüngerverbrauch. Japan erzielt etwa gleich große ha-Erträge wie Ägypten, verbraucht aber fast die dreifache Mineraldüngermenge.

Aufgaben zur Tabelle:

1. 1800−1870 = 7 Jahrzehnte; 1870−1900 = 3 Jahrzehnte; 1900−1950 = 5 Jahrzehnte; 1930−1966 = 3,6 Jahrzehnte.

2a) 665000, b) 175000, c) 1650000, d) 1530000, e) 2,8 Mill, f) 6,6 Mill. Einw.

3. In rund vier Jahren.

4. Ägypten 1200 % − Schweden 325 %: Bevölkerungszunahme in Ägypten also fast viermal größer als in Schweden.

Zur Erschließung des Diagrammes: Vergleich der Anteile der drei sozial und wirtschaftlich wichtigsten Altersschichten beider Staaten (Maßstab beachten!):

a) junge Menschen, meist noch nicht im Arbeitsprozeß (0−14 J.) b) arbeitende Bevölkerung (15−64 J.) c) nicht mehr in Arbeit stehend (65 J. und älter). Daraus soll auf a) das Verhältnis produktive − nichtproduktive Bevölkerung b) positive und negative Probleme der Zukunft geschlossen werden!

Ägypten   a) 43 % b) 54 % c) 3 %
Schweden a) 21 % b) 67 % c) 12 %

Gegenwärtig hat Schweden den Vorteil, daß zwei Drittel der Bevölkerung im Arbeitsalter stehen, nicht Erwerbstätige dieser Altersgruppe sind z.B. Kranke, Unfallgeschädigte, Hausfrauen, Rentner usw.; d.h. von den nicht Erwerbstätigen dieser Altersschicht abgesehen, müssen insgesamt 2 arbeitsfähige Menschen einen aus Altersgründen noch nicht oder nicht mehr arbeitsfähigen erhalten. (Tatsächlich sind 49 % der Schweden erwerbstätig). In Ägypten ist nur knapp über die Hälfte der Bevölkerung im Arbeitsalter, d.h. ein arbeitsfähiger Mensch muß einen zweiten (nichtarbeitsfähigen) erhalten. (Tatsächlich sind 30 % der Ägypter erwerbstätig).

In Ägypten ist mehr als ausreichend Nachwuchs vorhanden, um die gegenwärtige Produktion zu erhalten, bzw. auszubauen. Die Arbeitsstellen reichen nicht im mindesten aus, um allen jungen Menschen einen Arbeitsplatz zu sichern. Unterbeschäftigung.

In Schweden kann der Nachwuchs in der Zukunft nicht alle Arbeitsplätze ausfüllen; mögliche Auswege: Weitere starke Rationalisierung, Beschäftigung vieler Menschen über das 65. Lebensjahr hinaus, Beschäftigung von Fremdarbeitern.

2. Warum ist der Altersaufbau Ägyptens so verschieden von dem Schwedens? – In Ägypten große Geburtenzahlen, aber auch eine hohe Sterblichkeitsrate; die durchschnittliche Lebenserwartung liegt sehr niedrig – nur etwas über 40 Lebensjahre zum Zeitpunkt der Geburt.

In Schweden bei hohem, altem Wohlstand geringe Geburtenzahl, durch medizinische Fortschritte geringe Sterblichkeit; die durchschnittliche Lebenserwartung liegt sehr hoch – über 70 Jahre zum Zeitpunkt der Geburt.

108/110 Die beiden Bilder S. 108 und S. 110 zeigen den Grundvorgang des Pflügens nach einer Darstellung aus der ägyptischen Pharaonenzeit und nach einer Fotografie der Gegenwart. Was unterscheidet sie? – Nichts irgendwie Wesentliches: gleichartiger primitiver Pflug, bespannt mit zwei Rindern, geführt von einem Fellachen. Die Arbeitsweise des Ackerbaus ist seit Jahrtausenden gleich geblieben. Andere Arbeitsgänge des Ackerbaus, z.B. das Säen, Kornschneiden mit der Sichel, Bewässern mit dem Schaduf, dem Wasserhebegerät, würden das gleiche Ergebnis illustrieren.

Bild (vgl. DI 110, II.): Es zeigt zwei Bauwerke, die jedem Ägypter bekannt sind. Welche Zeitspanne liegt zwischen ihrer Errichtung? – Rund 4500 Jahre. Die Pyramide, eine von den 25 Pyramiden im SW von Kairo, im Alten Reich erbaut. Von woher stammen die grundlegenden Vorstellungen, die zur Gestaltung der beiden Bauwerke führten? – Pyramide: Aus dem alten Ägypten selbst, v.a. religiöse Motive. Neues Stahlwerk: Aus Industrieeuropa, v.a. wirtschaftliche, soziale und nationale Motive.

Folgerung: Das alte Ägypten hat Bauten errichtet und landwirtschaftliche Arbeitsweisen besessen, die in seiner Zeit als erstrangige schöpferische Leistungen gelten mußten. Die Bauten blieben einmalig und stützen heute den Tourismus. Die landwirtschaftlichen Arbeitsweisen wurden über die Jahrtausende nicht weiterentwickelt. Die moderne Industrie ist Import aus Europa.

Vgl. Boden und Vegetation: a) S. 108 rechts und b) S. 110 – a) Feinerdiger, dunkler Ackerboden mit dichter Feldvegetation, Getreide, Obstbäume – altes Überschwemmungs- und Bewässerungsland am Nil. b) nackter Sand mit vielen Gesteinsstücken, fast ohne Vegetation – Wüste. Hinter dem Werk deuten (rechte Bildhälfte) die Baumwipfel die Niloase an; die Pyramide im Hintergrund steht bereits wieder im jenseitigen Trockenland.

Frage zu Bild S. 108: Welche Vorteile bieten die in den Industriestaaten verwendeten modernen Pflüge? – Räder, Stahl, mehrere Pflugscharen nebeneinander, von Traktor gezogen: weit größere Leistung je Arbeitskraft und Zeiteinheit.

108 Zur Erschließung der Tabelle:
1. Vergleich der Größe der Staudämme, der Stauseen und der Stromleistung. Die Zahlenangaben sollten von den Schülern möglichst mit Werten aus eigener Kenntnis oder Anschauung verglichen werden – Beispiel: 60000 qkm = Ein Viertel der BRD.
2. Besitzverhältnisse: alle Werte in ha umrechnen, Zahlenwerte untereinander und nach Möglichkeit mit Flächen (Gärten, ldw. Betriebe) vergleichen, die den Schülern bekannt sind.

1585	Fellachen	=	100 %	besitzen	zusammen	656	ha
1346	Fellachen	=	85 %		je weniger als	0,42	ha
217	Fellachen	=	13 %		je	0,42 – 2,1	ha
18	Fellachen	=	1,2 %		je	2,1 – 8,4	ha
4	Fellachen	=	0,25 %		je	8,4 – 21	ha

109 Lösungen zur Tabelle:
1. Ägypten übertrifft Indien weit, erreicht Japan, hat geringeren Weizenhektarertrag als die BRD. Hoher Düngerverbrauch wirkt sich günstig aus.
2a) Ägypten erntet von der gleichen Fläche mehr Weizen als die USA (Ägypten Bewässerungsland, USA Weizenanbau überwiegend auf Prärieland, Ägypten hat gegenüber USA doppelten Kunstdüngerverbrauch); Unterschiede bei Baumwolle und Reis nicht sehr ins Gewicht fallend, zumal nur ein Jahr angegeben.

110 Verwendung des Bildes als Einstieg zusammen mit Bild S. 108 (siehe dort).
Zur Erschließung der Tabelle: Vergleich des Außenhandels von Ägypten mit dem von Brasilien (S. 136), Indien (S. 147) und Japan (S. 102). Welche Vor- oder Nachteile ergeben sich daraus für Ägypten? – Ägyptens Ausfuhr besteht zu fast 2/3 aus landwirtschaftlichen Rohstoffen (der Anteil verarbeiteter Baumwolle ist verhältnismäßig gering, siehe Diagramm S. 112). Bei Brasilien und der Indischen Union sind die Verhältnisse ähnlich. Japan dagegen führt Fertigware aus, von deren Herstellung viel mehr Menschen ihren Lebensunterhalt verdienen.
Zur Erschließung des Diagramms: Welche Tendenz weist der Außenhandel Ägyptens auf? – Defizit wächst immer mehr.
Warum steigt der Import in letzter Zeit so sehr an? – Erhöhter Nahrungsmittelbedarf der wachsenden Bevölkerung und vermehrte Industrie- und Rüstungsinvestitionen.

111 Zur Erschließung der Tabelle:
1. Warum ist der Warenverkehr nach Westen so viel größer als der nach Osten? – Erdöl aus Vorderasien nach Europa.
2. Vergleich des Anstiegs der Erdölfracht: 1937–19 %; 1953–62 %; 1965–66 % Anteil des Erdöls an der Gesamtfracht.

Ghana   112 – 115

Ziel: Am Beispiel des für Schwarz-Afrika verhältnismäßig entwickelten Ghana sollen Probleme der Gesellschaftsordnung und der staatlichen Entwicklungspolitik (Infrastruktur, Kapitalbildung, Nationalismus, Großprojekte) erörtert werden.
Einstieg: Zum Beispiel über Bildauswertung (S. 113 – s. dort) und Diagramm S. 112 oben.

112 Zu den Aufgaben:
1. Zwischen 11° und 5° N: Ceylon, Panama, Costa Rica, Venezuela, Liberia, Sierra Leone, Elfenbeinküste, Togo, Dahome, Nigeria, Zentralafrikanische Republik.
2. (Dazu Tabelle S. 112) Der Großteil des Landes wird aufgebaut vom Grundgebirge der Guineaschwelle mit Steilabfall zur flachen Schwemmlandküste. Durch den Volta mit seinen Zuflüssen entstanden auch im Inneren Tiefländer. Niederschläge an der Küsten von W nach O von über 2000 mm bis auf 700 mm abnehmend; zwei Regenzeiten, zusätzlich Monsunregen. Gras- und Buschland. In der Aschanti-Provinz hohe Niederschläge von 1800 bis über 2000 mm mit zwei Regenzeiten. Regenwald vorherrschend. Nördlich davon geht die Waldregion in Feuchtsavanne (mit Regen um 1300 mm) und zuletzt in Trockensavanne (um 1000 mm Niederschlag) über.
3. (Dazu Tabellen S. 112 und 118) In Ghana drei Wirtschaftslandschaften mit Regenfeldbau gegenüber einer in Ägypten mit Bewässerung und Pflugbau. Auch in Ägypten wenig Großvieh. Niloase: Bevölkerungsdichte = 850 E/qkm; Hauptanbaufrüchte 1965 (in 1000 t): Mais (2100), Weizen (1620), Baumwolle (520), Reis (1900), Zuckerrohr (431), Bohnen (260), Gerste (130), Kartoffeln (441).
Zur Erschließung des Diagrammes:
1. Tabellen S. 102, 128, 136 heranziehen.
2. Günstige Gegenüberstellung z.B. Kolumbien – Mexiko. Produzenten von Genußmitteln besonders krisenanfällig. Dazu Preisdiagramm S. 115 ergiebig.

Tabelle S. 112 unten:
Vergleich der Wirtschaftslandschaften Ghanas und ihrer unterschiedlichen Besiedlungsdichte – s. Text.

113 Fragen zur Erschließung des Bildes:
1. An welchem Teil des Kakaobaumes hängen die Früchte? – Am Stamm.
2. Ist das bei unseren Obstbäumen auch so? – Die Stammblütigkeit ist eine Anpassung an die Verhältnisse im dichtwüchsigen untersten Kronenstockwerk des tropischen Regenwaldes, wo fliegende Insekten (Befruchter) wenig Bewegungsraum haben. Kriechende Insekten erreichen vom Boden her den Stamm eher und zwangsläufiger als die Kronenperipherie, die bei unseren Bäumen die Blüten trägt (s. dazu S. 16).

114 Zur Erschließung der Diagramme:
1. Wieviel Patienten hat ein Arzt im Durchschnitt zu versorgen in a) der BRD, b) Ägypten, c) Ghana? – a) 691, b) 2500, c) 12000
2. Für wieviele Bewohner steht ein Krankenhausbett zur Verfügung in a) der BRD, b) Ägypten, c) Ghana – a) 95, b) 500, c) 1000

115 Zur Erschließung des Diagrammes:
1. Bei welchen Produkten schwankten die Preise am stärksten, wo waren sie am stabilsten? – a) Erntemengen bei manchen Produkten jährlich sehr verschieden. Geringe Ernten führen zu Preisanstieg: Beispiel Kakao. Mißernte 1957 = 754000 t gegenüber 895000 t von 1956; seit 1958 aber (902000 t) steigende Normalproduktion: schnelles Sinken der Preise. Kaffee hatte z.B. 1956 ein schwaches Erntejahr. – b) Nachfrage nach Genußmitteln stark vom Preis abhängig und vom Wohlstand. Zuckererzeugung stieg ab 1957 (39,8 Mill. t.) so stark an (1960 = 56,9 Mill. t), daß die Preise nachgaben. Seit 1962 stieg umgekehrt die Nachfrage stärker als die Erzeugung: Anstieg der Preise (1963 = 52,1 Mill. t). Danach wieder starkes Ansteigen der Produktion (1965 = 64,7 Mill. t): Sinken der Preise. – c) Weltindustrieproduktion steigt im ganzen langsam und kontinuierlich an. Nachfrage meist größer als das Angebot.
2. Bei welchen Produkten zeigt sich eine günstige Preistendenz für den Erzeuger, bei welchen eine ungünstige? – Günstig bei Industriewaren, stabil bzw. leicht steigend. Etwas abgeschwächt gilt das auch für Bergbauprodukte. Ungünstige Tendenz bei Genußmitteln, etwas weniger ungünstig bei pflanzlichen Rohstoffen.
Zur Erschließung der Tabelle S. 115:
1. In welchen Staaten nahm die Zahl der a) Grundschüler, b) Oberschüler, c) Studenten besonders stark zu (etwa 30 % und darüber)? – Ägypten a), b), c), Ghana a), b), c), Tansania a), b), Kenia b), c), Peru a), b), c), Brasilien b), c), Mexiko a), b), c).
2. In welchen Staaten nahm die Zahl der a) Grundschüler, b) Oberschüler, c) Studenten gar nicht oder nur bis etwa um 10 % zu? – Tansania c), Uganda a), b), c), BRD a), b), c). Große Zunahme in Staaten mit a) Schulsystemen, die erst im Aufbau sind, b) schnellem Wachstum der Bevölkerungszahl, c) großem Anteil der jugendlichen Altersgruppen (vgl. Diagramm S. 107).

Tansania, Kenia, Uganda   116 – 119

Ziel: Am Beispiel der ostafrikanischen Staatengruppe sollen in erster Linie Probleme verdeutlicht werden, die sich aus dem Zusammenleben einheimischer und fremder, ehemals zur Herrschaftsmacht gehörender Bevölkerungsteile in Entwicklungsländern ergeben (Besitzverhältnisse, Bildungsfragen, Auswirkungen auf die Wirtschaft).
Einstieg: Zum Beispiel über Bilder S. 119 oder über die Einleitungsaufgaben.

116 Lösungen zu den Aufgaben:
1. Kenia 5° N bis 5° Süd   Ghana 5° N bis 11° N

Uganda 4° N bis 1° S   Mexiko 15° N bis 32° N
Tansania 1° S bis 12° S   Brasilien 5° N bis 32° S
Ostafrika liegt auf gleicher Breite wie Nordbrasilien.

2. a) West: über 2000 mm, tropischer Regenwald   c) West: unter 250 mm, Dornsavanne
Ost: unter 500 mm, Dornsavanne   Ost: unter 1000 mm, Trockensavanne
   b) West: 1500 mm, Regenwald-Ausläufer
Ost: 1000 mm, Feuchtsavanne

3. Ostafrika: Hochländer über 1000 m Meereshöhe, Einzelberge bis über 5000 m hoch; 750–1250 mm N/J, zwei Regenzeiten und SO-Passat – Steigungsregen; Savanne vorherrschend geringe Siedlungsdichte: 1–25 E/qkm.
Nordbrasilien: überwiegend Tiefländer, nur im S Hochflächen über 1000 m; 1500 bis 2500 mm N/J, zwei Regenzeiten – nach S an Menge abnehmend; tropischer Regenwald; 1–25 E/qkm, nach S ansteigend.

4. Mais ist Hauptanbaupflanze in Kenia, Hirse in Uganda und Tansania vor Mais. Erdnüsse besonders in Uganda. Zuckerrohr am Viktoriasee und an der Küste Kenias, Baumwolle am Viktoriasee. Kaffee und Tee in hochgelegenen Gebieten äquatornah. Sisalhanf im küstennahen Grenzraum von Tansania – Kenia. Kokospalmen an der Küste. Tabak in Südwest-Tansania.

5. (Dazu DI 114, II) Besonders am Südhang von 900–2000 m Anbau durch Eingeborene und Europäer, im O nur Eingeborenenwirtschaft, im W überwiegend Viehzucht. Luvhänge des SO-Passats begünstigt.

a) Savanne bis über 1500 m, Nebelwald bis über 3000 m   b) Kaffeezone 1000–1500 m, Sisal und Baumwolle am Bergfuß bis etwa 1000 m, immer in wasserreichen Gebieten.

117   Zur Erschließung der Karte: Läßt die Karte einen Zusammenhang zwischen Niederschlagshöhe und Bevölkerungsdichte erkennen? – Die trockensten Gebiete sind am dünnsten besiedelt, die regenreicheren am dichtesten. Bevölkerungsdichte auch von Höhenlage abhängig. Das Hochland ist gegenüber dem Tiefland, bei etwa gleichhohen Niederschlägen, durch niedrigere Temperaturen und geringere Verdunstung begünstigt.
Zur Erschließung der Tabelle:
1. Wieviel Rinder / Schafe / Ziegen kommen auf 1000 Einwohner?

(Einwohnerzahlen dazu S. 119; Welt: 3,3 Milliarden Einw.)

Welt:	306	305	108
Ghana:	65	91	91
Kenia:	765	687	665
Uganda:	472	105	263
Tansania:	855	365	461

2. Warum hat Ghana gegenüber Kenia und Tansania so wenig Rinder, Schafe und Ziegen? (Vgl. DI 159 III)? – Tsetsefliege in Regenwald und Feuchtsavanne.

118   Zur Erschließung der Tabelle: Bei welchen Produkten ist die Erzeugung der angegebenen Staaten von großer Bedeutung für den Weltmarkt? – Kakao, Sisalhanf.

119   Zur Erschließung der Bilder:
1. Zu welchem Zweck werden Sisal und Kaffee in Ostafrika angepflanzt? – Zur Ausfuhr, einheimische Verwendung ganz geringfügig.
2. Woran erkennt man auf den Bildern, daß es sich um Kulturen für den Export handelt? – Große, regelmäßig und einheitlich bepflanzte Flächen, damit in jeder Hinsicht entgegengesetzt zu den Feldstücken der afrikanischen Hackbauernbevölkerung.

Lösungen zur Tabelle:
1. Kenia   6,9 Mill. Einw.   252 %
   Uganda   4,6 Mill. Einw.   146 %

Tansania	5,6 Mill. Einw.	116 %
Ghana	5,5 Mill. Einw.	222 %

2. Jeweils in Kenia.

3. 1930–1966 (Wert für 1930 von 1926 interpolieren äuf 14,2 Mill. Einw.). Ägyptens Zuwachs absolut: 15,9 Mill. Einw. = 112 %. Der relative Bevölkerungsanstieg Ostafrikas übersteigt sogar den Ägyptens.

4.
Kenia	1926–48	= 121 000,	1948–66	= 235 000 Einwohner.
Uganda	1926–48	= 80 000,	1948–66	= 157 000 Einwohner.
Tansania	1926–48	= 119 000,	1948–66	= 154 000 Einwohner.
Ghana	1926–48	= 75 000,	1948–66	= 212 000 Einwohner.
Ägypten	1926–48	= 255 000,	1948–66	= 572 000 Einwohner.

In allen Staaten wird derzeit die jährliche Zuwachsrate immer größer; absolut wächst die Bevölkerungszahl am schnellsten in Ägypten, innerhalb Ostafrikas in Kenia.

Länder in Iberoamerika 120 – 137

Mexiko 120 – 124

Ziel: Am Beispiel Mexikos, des am weitesten fortgeschrittenen Entwicklungslandes sollen besonders Probleme der Gesellschaftsordnung, der Erziehung, der Landreform und der Geldanlage aufgezeigt werden.
Einstieg: Zum Beispiel über Bilder S. 121 und 122 (s. dort) oder die Einleitungsaufgaben.

120 Einleitungsaufgaben:
1. Zwischen 15 und 32° N. In gleicher Breite liegen die Staaten Westindiens, Libyen, Ägypten, Saudi-Arabien, Pakistan, der größte Teil Indiens, Birma, das südliche China.
2. a) Tampico 1100 mm – Mexico-City 580 mm – Acapulco 1380 mm b) Ciudad Juarez unter 250 mm.
Zentral- und Süd-Mexiko erhalten im Sommer Zenitalregen. Außerdem bringt der NO-Passat zu allen Jahreszeiten, aber mit Schwerpunkt im Sommer, der Atlantikküste und dem zentralen Hochland zusätzlich Niederschläge. Im Norden Mexikos wirkt der Passat als warmer, trockener Wind. Die Pazifik-Küste Südmexikos erhält im Sommer zusätzlich Monsunregen. Vergleich mit Afrika nördlich des Äquators: Im Sommer bis auf Ostafrika Zenitalregen, an der Oberguineaküste verstärkt durch Monsunregen. Im Winter wenig oder keine Niederschläge. Im Unterschied zu Mexiko erhält die Westküste mehr, die Ostküste dagegen viel weniger Niederschläge. Nordmexiko entspricht der Wüste Sahara. Afrika südlich des Äquators: Im Sommer bis auf die Westküste Zenitalregen. Im Winter geringe Niederschläge des SO-Passats. Madagaskar und Ostküste gut beregnet, Westküste trocken.
3. a) Vgl. Tabelle S. 124.
b) Tierra Caliente: Kakao, Vanille, Tabak, Baumwolle, Banane, Zuckerrohr, Mais
Tierra Templada: Kaffee, Tabak, Baumwolle, Banane, Zuckerrohr, Mais
Tierra Fria: Mais, Weizen, Kartoffeln, Gerste.
4. a) Peru (s. S. 125) Küste trocken, Bewässerungswirtschaft – große Nachteile gegenüber Küstengebiet Mexikos. Hochland ebenfalls nicht ausreichend beregnet, Bewässerungslandschaft mit ähnlichen Anbaufrüchten wie im mexikanischen Hochland, das aber im zentralen Teil ausreichend Niederschlag erhält. Montana gut beregnet mit Plantagenwirtschaft, Anbaufrüchte wie in Südmexiko, aber Nachteile durch Küstenferne. – b) Indien (s. S. 142) Küsten vom Monsunregen gut befeuchtet: Anbau von Reis, Kaffee, Tee, Gewürzen, Palmen. Das innere Hochland ist aber gegenüber der Zentralregion

Mexikos im Nachteil, weil die Niederschläge auf wenige Monate beschränkt sind. Bewässerungswirtschaft mit Hirse, Weizen, Mais und Baumwolle. – c) Mittel- und Süd-Brasilien (s. S. 129) gut beregnete Küsten. Anbau ähnelt dem der mexikanischen Atlantikküste. Küstennahes Hochland mit ausreichendem Sommerregen. Anbaufrüchte wie in Mexiko in der Tierra Templada und Tierra Fria. Mittel- und Süd-Brasilien sind gegenüber Mexiko begünstigt durch die überall ausreichenden Niederschläge. Nachteilig die großen Entfernungen zum Inneren Brasiliens.
5. Nordregion dünn besiedelt (unter 10 E/qkm) – Trockengebiet, nur mit Hilfe von Bewässerung Anbau möglich. Dichte ansteigend bis Zentralregion (50–100 E/qkm) um Mexico-City – günstiges, kühles Klima der Tierra Fria. Gute Anbaumöglichkeiten. Dichte zurückgehend zur Pazifikküste (10–25 E/qkm) – heiß-feuchtes Tropenklima der Küste. Verkehrsnachteile gegenüber Atlantikküste.

Zur Karte:
1a) die Zentralregion, 50 % der Bevölkerung, b) Nordregion, 25 % c) und d) die Golfküste und die Südregion, je 11–12 % der Bevölkerung.
2. Südpazifische Region. Hier leben die meisten Indios.

Fragen zum Diagramm:
1. Welcher der dargestellten Staaten hatte 1800 die meisten Einwohner? – Spanien.
2. Welche Stelle nimmt dieses Land heute unter den dargestellten Staaten ein? – Die dritte Stelle.
3. Auf das Wievielfache ist die Bevölkerungszahl in jedem der vier Länder angestiegen? (Vgl. mit Diagrammen S. 49, 102 und der Tabelle S. 141) – Spanien dreifach, Mexiko und Peru sechsfach, Brasilien siebzehnfach.

121 Zur Erschließung des Bildes: Bietet der gemeinsame Waschplatz (von der Gemeinde eingerichtet, heute auch noch in Frankreich und Südeuropa z.T. verbreitet) außer Nachteilen auch Vorzüge? – Nachteile: Zeit- und Kraftaufwand; Vorzüge: Geringe Kosten, Sozialkontakt.

122 Zur Erschließung des Bildes:
1. Um welche der beiden Ejido-Formen handelt es sich (vgl. Text dieser Seite unten)? – um die Form mit gemeinschaftlicher Bewirtschaftung.
2. Aus welchem Kulturbereich stammen: a) Anbau und Verwendung dieser Agavenart, b) die Arbeitsweise auf dem Feld? – a) aus dem einheimischem Kulturbereich; außer für die Zubereitung von Pulque werden andere Agavenarten auch zur Herstellung von Schnaps und Fasern (Sisal) in Mexiko kultiviert. – b) aus Spanien. In der vorkolumbianischen Zeit gab es in Amerika weder Pflug noch Rad und Zugtiere.
Tabelle „Schüler und Studenten": Wieviele Schüler und Studenten kamen in den 3 aufgeführten Jahren innerhalb der einzelnen Ausbildungsebenen auf je 1000 Einwohner?
Einwohnerzahlen Mexikos: 1949 – 25 Mill. E.; 1960 – 35 Mill. E.; 1964 – 40 Mill. E.

Auf 1000 Einwohner kamen:
1949 – 115 Volksschüler,   3 höhere Schüler,   1,5 Studenten
1960 – 139 Volksschüler,   7 höhere Schüler,   2,5 Studenten
1964 – 163 Volksschüler,   10 höhere Schüler,   3 Studenten

Tabelle Energieverbrauch: Welchen Rang hat Mexiko gegenüber den anderen Ländern? – Die Zahlen sind ein deutlicher Beweis für die führende Stellung Mexikos unter den Entwicklungsländern. Beachtenswert ist der geringe Abstand zum Energieverbrauch Japans. Der Energieverbrauch kann als ein Maßstab der Industrialisierung angesehen werden.

123 Diagramm:
1. Aufgabe in gleicher Weise durchführen lassen wie bei den Diagrammen auf S. 107 (dort auch alle Zahlenangaben)

	unter 14 J.	15–65 J.	über 65 J.
Mexiko	a) 44,5 %	b) 52 %	c) 3,5 %
BRD	a) 22,5 %	b) 66 %	c) 11,5 %

Die Verhältnisse ähneln denen der Gegenüberstellung Ägyptens und der Schweiz (Erwerbstätige Mexikos 34 % der Bevölkerung, der BRD 46 % der Bevölkerung). Eine Sonderfrage betrifft das Zahlenverhältnis der männlichen und weiblichen Bevölkerung. In Ägypten, Schweden und Mexiko ist es in etwa ausgeglichen, in der BRD ein Frauenüberschuß von fast 3 Mill. (zu den Ursachen vgl. Text S. 123).

2. Warum hat Mexiko im Gegensatz zur BRD eine gleichmäßige Bevölkerungspyramide? – Der Altersaufbau in Mexiko zeigt das Anwachsen der jungen Jahrgänge als Auswirkung moderner Hygiene und Medizin (explosion demografica), ohne großen Wandel in der Lebensführung durch den Wohlstand einer Industriegesellschaft und ohne große Einwirkungen wie z.B. bei der BRD: a) Geburtenschwache Jahrgänge in der BRD als Folge zweier Weltkriege (Trennung, ungewisse Zukunft), sichtbar 1960 bei den Altersgruppen der 10–20 und 40–50-jährigen. Ähnlich negativ wirkte sich die Weltwirtschaftskrise 1930–33 aus, sichtbar bei den 30–34-jährigen Frauen. – b) Gefallene der beiden Weltkriege erkennbar am großen Frauenüberschuß der Jahrgänge 36 und älter.

Zur Tabelle:
1. Welchen Anteil haben 1964/65 der primäre, sekundäre und der tertiäre Sektor a) am Berufsaufbau b) am Volkseinkommen Mexikos?

	I	II	III	
a)	53	20	27	%
b)	17	36	47	%

2. Vergleich des Berufsaufbaus Mexikos mit dem europäischer Staaten und Brasiliens (S. 72, 133). – In Europas Industriestaaten hohe Beschäftigtenzahlen im sekundären, geringe im primären Sektor – in Mexiko und Brasilien genau umgekehrt. Der Vergleich der Zahlen des Volkseinkommens 1962 und 1965 zeigt aber für Mexiko eine Tendenz zur europäischen Gruppierung.
3. Welchen Prozentanteil am Volkseinkommen erbringen jeweils 10 % der Beschäftigten Mexikos aus dem a) primären, b) sekundären, c) tertiären Sektor? Vergleich mit Brasilien (S. 133). – a) 3 %, b) 18 %, c) 17 %. In Mexiko trägt ein in der Industrie oder in Dienstleistungen tätiger Mensch rund 6 mal mehr zum Volkseinkommen bei als ein in der Landwirtschaft tätiger. Doch lebt noch mehr als die Hälfte der Erwerbstätigen von der Landwirtschaft. In Brasilien sind die Unterschiede ähnlich, doch nicht ganz so groß.

124 Zur Tabelle:
1. Bevölkerungsdichte, Wasserfrage, Bergbau, Industrie, Lohnhöhe, Energieverbrauch und Analphabetenanteile gesondert betrachten. Zusammenhänge deuten zwischen hohem Arbeitslohn und geringen Analphabetenzahlen, Energieverbrauch und wirtschaftlichem Gewicht. Z.B. die Südregion: Kaum Energieverbrauch, geringe Löhne, viel Analphabeten, weil nur Kleinindustrie und Landwirtschaft. Im Norden verlangen die Bewässerungswirtschaft, der Bergbau und die Schwerindustrie mehr Energieeinsatz, weniger Analphabeten, höhere Löhne.
2. Fortschrittlich: Mexiko-City, Nordregion
   Rückständig: Südpazifische Region, Teile der Zentralregion.

Peru   125 – 128

Ziel: Am Beispiel Perus sollen die durch Erstarrung gekennzeichneten Gesellschaftsformen des spanisch-sprechenden Südamerika und die durch die Verkehrslage in den Andenstaaten entstehenden Wirtschaftsfragen (Binnenlage, Stellung zum Weltmarkt) herausgestellt werden.
Einstieg: Zum Beispiel über Querschnitt S. 125 oder Aufgaben S. 125.

125 Querschnitt: Warum steigen die Niederschläge von O nach W, die Bevölkerungsdichtezahlen dagegen in umgekehrter Richtung? – Luv: O; Lee: W im System des SO-Passats der Südtropen. Verkehrserschließung und Besiedlung von der Pazifischen Küste aus.

4 – 4693

Lösung der Aufgaben:

1. Zwischen dem Äquator und 18° S: Angola, Sambia, Tansania, Malawi, Ruanda-Burundi, Hauptteile von Gabun, Kongo-Brazzaville, Kongo-Leopoldville, Nordteile von Mozambique und Madagaskar.

2. Ostseite 1000 – 2000 mm Niederschlag. Zenitalregen und Steigungsregen des SO-Passats. Westseite unter 250 mm Niederschlag. SO-Passat, warmer Fallwind, treibt Oberflächenwasser von der Küste weg und bewirkt kaltes Auftriebwasser. Zusätzlich vor der Küste kühler Humboldtstrom. Daher über dem Meer Regenfälle und Nebel; nur gelegentlich an der Küste Nebelbildung.

3. Afrika bis 26° S, Südamerika bis 28° S.

4. Die Costa ist Wüste. Ackerbau nur in Oasen mit Bewässerung durch Gebirgsflüsse. In der Sierra des feuchten N Hochlandvegetation (Paramo – Grasland), im S neben Gräsern auch Büsche, in der Puna – Strauchsteppe. Die Montana besteht im unteren Teil bis ca. 800 m Höhe aus tropischem Regenwald, darüber aus tropischem Bergwald.

126 Bild: Zwei Männer an der Maisentkörnungsmaschine (Trennung der Kröner vom Kolben), ein Mann worfelt (Aussondern von Spreu und Unreinigkeiten durch den Wind), die beiden Frauen lesen nach, während der vierte Mann die Körner in Säcke füllt.

127 Zur Erschließung des Diagrammes: Aufgliederung in 2 Ländergruppen: Länder mit Ernten mit a) über 20 dz/ha und b) unter 20 dz/ha. Welche Ursachen bewirken die Unterschiede? – Z.B. Düngung, artbedingte Großerträge wie bei Mais und Reis, Unkraut- und Schädlingsbekämpfung, Trocken- oder Feuchtlandanbau.

128 Lösung der Aufgaben:
   1. a) 407 – 580 – 692 Mill. DM
      b) 25 – 218 – 705 Mill. DM
   2. Fischexport 1964/65 705 Mill. DM erreicht fast 90 % des Gesamtexportwertes von 1950 (815 Mill. DM).

Brasilien   129 – 137

Ziel: Das Beispiel Brasilien soll Erscheinungen und Folgen besonders ungleicher Entwicklung innerhalb eines Landes deutlich machen. Dicht besiedelte und unbesiedelte, wohlhabend-fortschrittliche und rückständige Landesteile, reiche und arme, ausgebildete Menschen und Analphabeten, altüberkommene Methoden und moderne Strukturen stehen sich in einem Staat gegenüber, der bemüht ist, die Angleichung seiner Landschaften und seiner Menschen zu erreichen.
Einstieg über Bilderpaar S. 132/133 (s. dort), Tab. S. 129 unten oder Einleitungsaufgaben.

129 Lösung der Aufgaben (Zur Landesgliederung vgl. Karte S. 130):
   1. Zwischen 5° N und 33° S:
   a) Im N und an der Ostküste immerfeuchte Tropen mit Regenwald. Zenitalregen und Auswirkung der Passate. – b) Im Hochland großteils wechselfeuchte Tropen mit Savanne. Zenitalregen und SO-Passat mit Steigungsregen (Luv und Lee). – c) Südbrasilien: An der Küste tropische, am Parana subtropische Regenwälder, im N auf den Höhen Wälder von Araukarien, nach S zu in subtropische Graslander übergehend, SO-Passat mit Steigungsregen.
   2. Amazonien: Immerfeuchte Tropen mit Regenwald; sehr geringe Bevölkerungsdichte (unter 1 E/qkm); geringe wirtschaftliche Nutzung. Innerbrasilien: Wechselfeuchte Tropen mit Niederschlägen über 1000 mm / J; Savannen; geringe Bevölkerungsdichte, 1–2 E/qkm; Agrarland geringer Nutzung. Nordosten: Hochland; wechselfeuchte Tropen mit Niederschlägen unter 1000 mm / J; Dornsavanne mit Trocken- und Palmenwäldern. An der Küste: tropischer Regenwald. Dichte im Hochland: 1–10 E/qkm, Küste: 10–50. Im Hochland Landwirtschaft durch Trockenheit erschwert, oft Ernteschäden. Küste wichtiges Landwirtschaftsgebiet. Mittelbrasilien: Hochland, wechselfeuchte Tropen mit Savannen, 20–50 E/qkm. An der Küste tropischer Regenwald, 50–100 E/qkm. Kerngebiet Brasiliens mit

entwickelter Landwirtschaft und Industrie. Südbrasilien: Subtropen, Regenwald am Parana, Hochland Araukarien im N. offene Grasländer im S. An der Küste durch warmen Brasilstrom begünstigt tropische Regenwälder. Gut besiedelt und entwickelt. 10–50 E/qkm. Landwirtschaft mit großen Überschüssen.

Alle Landschaften an der Ostküste haben dank Verkehrsgunst Entwicklungsvorteile.

3a) Südbrasilien, mit nur 7 % der Staatsfläche und 15 % der Bevölkerung, erzeugt 40 % der Nahrungsmittel Brasiliens.

Südbrasilien	6,5	Mill. t Brotgetreide	15 Mill. Einw.
Brasilien	16	Mill. t Brotgetreide	85 Mill. Einw.
Peru	1,2	Mill. t Brotgetreide	12 Mill. Einw.
Italien	14,5	Mill. t Brotgetreide	52 Mill. Einw.

(S. 69, 134, 137 benutzen!).

Südbrasilien produziert im Verhältnis zur Bevölkerungszahl am meisten Nahrungsmittel und ist die Kornkammer Brasiliens. Italien ist insgesamt besser gestellt als Brasilien und muß dennoch Brotgetreide einführen, ebenso wie Brasilien. Peru ist am meisten benachteiligt.

b) Mittelbrasilien hinsichtlich Lebensmittelproduktion schlecht gestellt und auf Ergänzung durch Südbrasilien angewiesen.

Mittelbrasilien	6,5	Mill. t Brotgetreide	36 Mill. Einw.
Indien	89	Mill. t Brotgetreide	485 Mill. Einw.
BRD	14	Mill. t Brotgetreide	57 Mill. Einw.

(S. 69, 142, 150).

Weitaus am besten steht die stark auf Einfuhren angewiesene BRD da. Das ist für ein Industrieland mit großem Export (zur Erhaltung des Exportes) sogar ein Vorteil, für Agrarländer wie Indien und Brasilien ein ernstes Problem.

Zur Tabelle (dazu Karte S. 130): In welchen Wirtschaftslandschaften Brasiliens werden besonders viel Exportprodukte erzeugt? – In Mittelbrasilien: Kaffee, Baumwolle, Eisenerz, Industriewaren. In Südbrasilien: Kaffee.

130/131   Zur Erschließung des Querschnittes: Wo wohnen über 25, zwischen 10 und 25, zwischen 1 und 10 und weniger als 1 Einw./qkm? – Welche Ursachen für die verschiedene Bevölkerungsdichte lassen sich aus den 5 Leisten der Darstellung ablesen?
(Vgl. dazu Karte S. 130 und Tab. S. 129)

132/133/   Zu den Bildern: Vergleich der 3 Bilder (z.B. Alter, Lage, Baumaterial, Höhe, Verkehrsanschluß der
136   Bauten) und Beurteilung der sozialen und wirtschaftlichen Verhältnisse.

133   Zur Erschließung der Tabelle: Welche Veränderungen von 1957 bis 1960? (Dazu auch Tab. S. 137).
– Abnahme des Anteils der Beschäftigten in der Landwirtschaft, Zunahme in der Industrie und im Verkehrswesen.

Zur Tabelle: Berechnen Sie die Erntemengen in kg je Kopf der Bevölkerung:
1. G = Getreide (Summe der Spalten 2–5), 2. K = Kartoffeln

Brasilien	199 G/15,5 K	Mexiko	284 G/ 10 K
Peru	97 G/125 K	Argentinien	597 G/113 K
Ghana	49 G/– K	Ägypten	214 G/ 14 K
Kenia	172 G/ 21 K	Indonesien	148 G/ 0,4 K
Pakistan	230 G/ 5 K	BRD	243 G/315 K

Der Vergleich zeigt die angespannte Ernährungslage der meisten Entwicklungsländer, denn das Vergleichsland BRD mit verhältnismäßig hohen Erzeugungswerten muß Getreide einführen (Einfuhr 1965: 5,4 Mill. t G = 96 kg je Kopf). In Ghana werden in der Hauptsache tropische Knollenfrüchte gegessen; dagegen haben Peru, Indonesien, Indien, Brasilien und Ägypten einen großen Einfuhrbedarf. Große Überschüsse an Nahrungsmitteln hat das Ausfuhrland Argentinien.

134   Zur Erschließung des Bildes:
1. In welchem Teil Brasiliens ist der Kaffeeanbau konzentriert (DI 140 I) – benachbarte Städte, geographische Breite – Südbrasilien, Sao Paolo, Santos, südlicher Wendekreis.
2. Der Kaffeeanbau, zwischen Waldstreifen, nimmt die ganze Tiefe des Blickfeldes ein. Wie wird ein derart einseitiger Anbau genannt? – Monokultur.
3. Nachteile der Monokultur? – schnelle Ausbreitung spezifischer Krankheiten und Schädlinge; einseitige Ausnutzung des Bodens; wirtschaftliche Krisenanfälligkeit.

135   Zur Erschließung des Bildes: Woran sieht man, daß dieser deutsche Bauernhof
a) in den Tropen oder Subtropen steht? – Palmen
b) im Iberoamerikanischen Bereich? – Panamahut
c) falls in Brasilien, im subtropischen küstennahen S? – Feldanbau auf Regen, grünes Gras, Unkraut.

136   Zur Tabelle:
1. Welche europäischen Länder (EWG, EFTA) hatten 1965 einen geringeren Außenhandel als Brasilien? – Nur Portugal; noch schlechter schneidet Brasilien im Außenhandel je Kopf ab.
2. Vergleich des Außenhandels a) Brasiliens und b) der Schweiz:

a) 81 Mill. E./Außenhandel 10,75 Mrd. DM = 134 DM/Kopf
b) 6 Mill. E./Außenhandel 26,5 Mrd. DM = 4416 DM/Kopf

3. Folgerungen aus der prozentualen Verteilung der Aus- und Einfuhrgüter auf den Entwicklungsstand Brasiliens!
a) Genußmittel und Rohstoffe Hauptausfuhrwaren, Industrieprodukte an 1. Stelle beim Import: Brasilien ist noch überwiegend ein Agrarstaat. – b) Aber 5 % der Ausfuhr bestehen aus Industrieprodukten (1960 nur 2 %), d.h. die Industrialisierung ist über die ersten Anfänge hinaus und macht Fortschritte. – c) Ein Sechstel der Einfuhr Weizen und ein Siebtel der Einfuhr Erdöl zeigen, daß die Nahrungs- und Energiegrundlage unzureichend sind.

137   Tabelle Entwicklung der Industrie: Vergleich des Anwachsens der Zahl der Industriebeschäftigten mit denen der Gesamtzahl der Beschäftigten!
Gesamtzahl der Beschäftigten: 1920 : 10; 1940 : 11,4; 1950 : 13; 1960 : 14,7; 1961 : 16,2 Mill.
Von den 6,2 Mill. Beschäftigten-Zuwachs seit 1920 nahm die Industrie allein 50 % auf.

Tabelle Lebenshaltungskosten: Vergleich mit den Werten der BRD: In der BRD erreichten 1960 (Grundwert 1948 = 100) die Lebenshaltungskosten den Wert 125, Lebensmittel : 138, Miete : 130, Verkehr : 130. Vgl. dazu den Banknotenumlauf! – Inflation.

137   Diagramm:
Zur Lösung der Aufgaben: Die durchschnittlichen Erntemengen der Jahre 1934–1937 in Mill. t

	Weizen	Mais	Reis
Brasilien	0,2	5,6	1,3
Argentinien	6,6	7,8	0,1
Uruguay	0,3	0,1	0,1
Peru	0,1	0,4	0,1
Mexiko	1	1,7	0,3

Vorderindien

Ziel: Die besonderen Entwicklungsprobleme des menschenreichen indischen Subkontinentes nach seiner politischen Teilung – Zerschneidung eines Großwirtschaftsraumes; Lasten traditioneller Bindungen: Religionen, Kasten, Sprachen, überstarke Bevölkerungszunahme bei starren, unrationellen Wirtschafts- und Sozialstrukturen – sollen in ihren Erscheinungen und Wirkungen deutlich werden.
Einstieg: Einleitende Aufgaben, zu deren Lösung neben den angegebenen Atlaskarten die beiden Landschaftsquerschnitte S. 138/139 und 140/141 herangezogen werden. Die landschaftliche Gliederung ergibt sich aus den Querschnitten und den Atlaskarten.

138   Lösungen der Aufgaben:
1. Über 200 E/qkm: Malabar – und Koromandelküste, Gangestiefland und Bengalen, Teile des Fünfstromlandes. 100–200 E/qkm: Östlicher Saum des Dekkan, die Ränder des Gangestieflandes, das Fünfstromland und das untere Indusgebiet. Geringste Dichte: Belutschistan, Wüste Tharr, einige Gebiete des Dekkan, sowie die Höhen des Himalaya und anderer Gebirge.
2a) Reisanbau: Am Unterlauf des Indus, Ganges- und Brahmaputratiefland, besonders Bengalen, Malabar- und Koromandelküste. – b) Baumwolle: Hochland von Dekkan im weiten Umkreis um Bombay, Fünfstromland. – c) Zuckerrohr: Gangestiefland, Fünfstromland und südliche Teile des Dekkan. – d) Tee: Assam, Südhang des Himalaya und Ceylon.
Die Reisanbaugebiete sind gleichzeitig die Gebiete der größten Bevölkerungsdichte. Der Baumwollanbau im Hochland von Dekkan liegt in einem Gebiet relativ geringer Dichte (Trockenland mit großteils künstlicher Bewässerung).
3. Gebiete hohen Niederschlags sind in Indien fast überall sehr dicht besiedelt. Hier lassen sich mehrere Ernten im Jahr erzielen. Wasser ist das wichtigste Lebenselement Indiens – aber auch Gefahrenbringer: Überschwemmungskatastrophen.

4.				
Bombay	24,1 /27,4		Colombo	26,1 /27,3
Delhi	13,8 /33,6		Kalkutta	18,4 /29,2
Lhasa	0 /17,0			

Die Unterschiede ergeben sich nicht nur aus Breiten- und Höhenlage der Stationen, sonst hätte nicht Delhi die höchsten Julitemperaturen dieser Reihe. Es muß auch die Meeresferne, Beckenlage und Sonnenscheindauer (bei geringem Niederschlag groß) berücksichtigt werden.
5. Der Vergleich der beiden Karten DI 95 unten ergibt, daß im Indusgebiet (Fünfstromland) weitgehend mit künstlicher Bewässerung (Staudämme, Kanäle) gearbeitet wird. Anders im Gangesdelta, wo Wasser in vielen Armen des Mündungsgebietes von Ganges und Brahmaputra vorhanden ist. Das Ansteigen der Flüsse mit dem Monsunregen wird für die Bewässerung der Reisfelder ausgenutzt. Staudämme und künstliche Bewässerung mit Hilfe von Kanälen gibt es nur bei den Zuflüssen aus dem Dekkan.
Tabelle:
1. Während die Indische Union sich als religiös neutrales Land bezeichnet, in der alle Religionen gleichberechtigt und frei auszuüben sind, bezeichnet sich Pakistan als „Islamitische Republik”, mit dem Islam als Staatsreligion.
2. In der Indischen Union leben außer Hindus und Moslems auch Christen (z.B. Goa), Buddhisten, Parsen.
3. Warum blieben trotz des gewaltsamen Völkeraustausches (s. Text S. 140, Zeile 6) so viele Moslems in der Indischen Union, Hindus in Pakistan? – Auswanderung besonders aus den Grenzgebieten, wo Feindseligkeiten besonders heftig und politisch wirksam waren. Im Hinterland blieben die Minderheiten in der Regel „zahm” und geduldet.

138/139   Landschaftsquerschnitt: Die Auswertung des West-Ost-Schnittes erfolgt am besten so, daß für die einzelnen Landschaften (Industiefland, Wüste Tharr, nördlicher Dekkan, Gangestiefland, Birmanisches Randgebirge, Irawadital) jeweils die Niederschlagshöhe, die Bodenplastik, die landwirtschaftliche Nutzung und die Bevölkerungsdichte miteinander in Beziehung gesetzt werden.

139 Bild: Die Vorstellung, Kühe mit besonderer Achtung zu respektieren, könnte als Widerspruch zur alten Hochkultur Indiens erscheinen. Sie geht zurück auf die Idee der Seelenwanderung, die den Menschen vor die Möglichkeit stellt, daß ein solches Tier tatsächlich die Hülle für die Seele eines Verstorbenen guten Verwandten oder Freundes sei. Diesen zu verletzen oder zu schädigen, würde einem nach dem eigenen Tode nicht die Versetzung in ein so sanftes, edles Wesen, als das die Kuh gilt, eintragen sondern vielleicht ein weit mißlicheres neues Leben aufbürden.

140/
141 Zur Erschließung des Landschaftsquerschnittes: Beziehungen zwischen den vier Leisten herstellen (entsprechende Auswertung des Schnittes S. 138/139) und daraus die jeweilige bezeichnende geographische Kombination für die Südküste Indiens, den Dekkan, das Gangestiefland und den Himalaya herausarbeiten.

141 Aufschließende Fragen zur Tabelle: Welcher Unterschied besteht zwischen der Lebenserwartung der Menschen in der Indischen Union, auf Ceylon und in der BRD? Wodurch ist dieser Unterschied zu erklären? Bessere ärztliche Betreuung, Beachtung der Regeln der Hygiene, Ausschaltung von Seuchen, geringere Geburtenzahl und dadurch weniger physische und arbeitsmäßige Belastung bei den Frauen, einseitige Ernährung, Unterernährung usw.
Den Bevölkerungszuwachs gibt man zweckmäßig in $^0/oo$ an. Wie hoch war er für die Zeit von 1951 −1961 jährlich für die Indische Union und Pakistan und wie hoch von 1961−66?

Indische Union 1951−61:   22,1 $^0/oo$/Jahr,   1961−66:   28,9 $^0/oo$/Jahr
Pakistan   1951−61:   23,7 $^0/oo$/Jahr,   1961−66:   23,5 $^0/oo$/Jahr

Warum erhöht sich der Bevölkerungszuwachs in der Indischen Union immer noch? − Durch Erniedrigung der Sterblichkeit und gleichbleibend hohe Geburtsziffern. In Pakistan langsame Senkung der Geburtenzahlen; Erfolg der Regierungspropaganda.
Vgl. hierzu die Tabelle S. 141 unten links. Beachte die Senkung der Sterberate und das Steigen der Zuwachsrate!

Tabelle:
1. Der Zuwachs für je 50 Jahre betrug / in Millionen Menschen

	Indische Union	Pakistan	Ceylon
1800−1850	18	2	0,3
1850−1900	94	11	1,8
1900−1950	221	24	4,4

2. Verringerung der Sterberate durch Eindämmung von Kriegen, Bekämpfung der Seuchen, ärztliche Betreuung und Verbesserung der Hygiene.

142 Zur Erschließung des Bildes: Krasser Gegensatz zwischen Elendshütten und großer bunter Festgesellschaft. Die Heirat gilt als so wichtiger, religiöser, ethischer und sozialer Akt, daß dafür ein völlig aus dem Rahmen des normalen Lebens fallender Aufwand an Kleidung, Bewirtung usw. geboten erscheint − häufig mit der Folge jahrelanger, starker Verschuldung. Hier als Beispiel (ähnlich Bild S. 139) für wirtschaftlich unrationelle Einstellung aus Tradition.

Aufschließende Fragen zur Tabelle:
1. Von welchen Getreidearten leben die Inder und Pakistani hauptsächlich? − Mehr als alle anderen Getreidearten zusammen wird Reis verbraucht.
2. Gehören beide Völker mehr zu den Brot- oder den Breiessern? − Von Reis und Hirse läßt sich kein Brot backen. Vorderindien gehört ganz überwiegend zum großen Raum der Breiesser.
3. Wie unterscheiden sich die beiden Völker in ihren Ernährungsgewohnheiten, die sich in den An-

bauverhältnissen widerspiegeln? – Die Pakistani essen wesentlich weniger Hirse als die Inder.
4. Welche Feldfrucht bringt den höchsten Ertrag je ha? Wie ist die Reihenfolge danach? – Reis
weitaus größte Ernte je ha. Hirse hat bei gleicher Fläche in der Indischen Union nur ein Viertel so
hohen Ertrag wie Reis. Weizen steht zwischen beiden.
5. Für welche Feldfrüchte ist die Fläche von 1934–1965 am meisten ausgeweitet worden? – Die
Ölsaatfläche wurde in der Indischen Union fast verdoppelt, ebenso die Maisfläche. Die größte Ausdehnung in ha hatte die Reisfläche. Gegenüber der Ausdehnung der Anbauflächen in Indien tritt diejenige von Pakistan sehr zurück.

143 Tabelle links unten: Die hohe Zahl der Tiere besagt wenig über ihren Nutzen. Das zeigt der Anteil
Rinder auf 1000 Einwohner der BRD und der Jahresmilchertrag einer westdeutschen Kuh im Ver-
hältnis zu Indien. Der größte Teil der Inder ißt aus religiösen Gründen kein Fleisch; damit wirft die
Viehzucht nur einen geringen Beitrag zur Ernährung ab. Rinder und Wasserbüffel sind wie Pferde,
Esel und Kamele hauptsächlich Arbeitstiere für Ackerbau und Transport.
Die Tabelle rechts unten zeigt, daß von den 2 % Großgrundbesitzern 31 % der ländlichen Bevölke-
rung (Landarbeiter und Pächter) abhängig sind.

44/146 Zur Erschließung der Bilder: Welcher Kulturepoche entstammen
a) die Arbeitsgeräte der Inder auf S. 146? – Körbe, Tragschalen, Hacke entstammen nach Form
und Funktion der jüngeren Steinzeit. – b) die Industriebauten? – Stahlwerk in Haupteigenschaften
aus dem 19. und 20. Jhd., Atomreaktor aus der 2. Hälfte des 20. Jhd.
Tabelle S. 144 links unten: Eine Addition der geplanten Bewässerungsflächen ergibt allein schon fast
6 Mill. ha oder zwei Drittel der Ackerfläche der BRD. Mit den vielen kleineren Vorhaben zusammen
soll noch eine wesentlich größere bewässerte Fläche geschaffen werden.
Tabelle S. 144 rechts unten: Die Industrialisierung macht beachtliche Fortschritte. In der Indischen
Union stieg von 1950–1960 die Kohlenförderung auf das Doppelte, die Erzförderung auf das Neun-
fache, die Rohstahl- und Zementproduktion auf das Vierfache und die Stromerzeugung auf das
Sechsfache.
In der BRD dagegen sind Kohlen- und Eisenerzförderung – allerdings aus einer weit höheren Positi-
on – und im Einklang mit der Verlagerung auf rationellere Verfahren – nach vorübergehendem Anstieg stark rückläufig. Die Rohstahlerzeugung stieg in der BRD auf das Zweieinhalbfache, die Ze-
menterzeugung auf das Dreieinhalbfache und der Stromverbrauch auf das Vierfache. Die Ausgangs-
zahlen lagen aber in der BRD wesentlich höher. Daher sind relative Steigerungen großen Ausmaßes
viel schwerer zu erreichen. Da die Bevölkerungszahl Indiens aber fast 10 mal so groß ist wie die der
BRD, sind die Produktionszahlen je Kopf in der Indischen Union immer noch sehr niedrig.

145 Diagramm links unten: Ein Vergleich ergibt nicht nur die geringere Menge an Nahrungsmitteln pro
Kopf und Jahr in der Indischen Union im Verhältnis zu anderen Entwicklungsländern und der BRD,
sondern auch den viel geringeren Anteil an Eiweiß und Fett.
Das Diagramm rechts unten weist für Indien einen viel größeren Anteil des Ackerlandes an der Gesamtfläche auf als bei den übrigen angeführten Entwicklungsländern. Doch die hohe Bevölkerungszahl
von rund 500 Mill. in der Indischen Union (1967) gewährt nur eine ganz unzulängliche Nahrungs-
mittelerzeugung, zumal die ha-Erträge sehr niedrig liegen.

146 Zum Bild, siehe Besprechung unter Bild 144:
Die Tabelle zeigt nicht nur die starke Zunahme der Investitionen mit jedem Plan, sondern auch die
Verschiebungen innerhalb der Investitionsbereiche. Rund ein Drittel der Summen wird laufend für
die Förderung der Landwirtschaft mit Einschluß der Bewässerungsprojekte ausgegeben. Bemerkenswert ist ferner, daß die Ausgaben für Verkehrseinrichtungen und das Nachrichtenwesen (Infrastruktur) höher liegen als diejenigen für Bergbau und Industrie.

Fragen zur Tabelle:

1. Untersuchen Sie, welche großen Gütergruppen im Export und welche im Import führen.
2. Stellen Sie Überlegungen an, wie sich das riesige Außenhandelsdefizit (ausrechnen lassen!) beseitigen ließe, d.h. worin der Export vermehrt und der Import durch Eigenerzeugung vermindert werden könnte (s. dazu Tabelle S. 109 und Tabelle S. 150).

Bemerkung: Der Unterricht über das Thema: „Indien als Entwicklungsland" sollte klar herausstellen, daß die Regierung der Indischen Union bisher trotz aller Bemühungen und trotz beträchtlicher Entwicklungshilfen von den Ländern des Westens wie des Ostblocks im „Wettlauf mit dem Hunger" nicht Schritt hält: Die Bevölkerungszahl steigt stärker als die Nahrungsmittelproduktion und die Schaffung neuer Arbeitsplätze. Die Schüler sollen abschließend zusammenstellen, durch welche Maßnahmen eine Katastrophe verhindert werden kann.

Die Volksrepublik China   148 – 155

Ziel: Bei keinem der bisher dargestellten Beispiele wird die Fragwürdigkeit schablonenhafter Vorstellungen über Eigenheiten und Fähigkeiten eines Entwicklungslandes so deutlich wie bei der Betrachtung Chinas. Jedes Land hat, wie gezeigt wurde, seine besonderen Probleme, und jeder geographische Großraum unterscheidet sich in den ihm eigenen von allen anderen. Die Volksrepublik China bietet die größten Kontraste: Volkreichstes Land der Erde, potentielle Weltmacht, Produzent von Atombomben, zweitgrößter Steinkohlenförderer der Erde und zugleich doch ein Entwicklungsland!

Einstieg: Erschließung des Querschnitts S. 148/49 und Erarbeitung der Einführungsaufgaben S. 148

Einleitungsaufgaben: 1. China ist ein Vielvölkerstaat mit Chinesen, Tibetern, Turkvölkern (besonders Uiguren), Mongolen, Mandschu sowie mehreren kleinen Volksgruppen, besonders in Südchina. Die Chinesen umfassen aber über 90 % der Bevölkerung. Die Religionen in China sind: Konfuzianismus, (mehr eine philosophische Lehre als eine Religion, früher als „Staatskult" bezeichnet), Buddhismus, Lamaismus (Tibet und Mongolei), Islam, Naturreligionen und – stark zurückgedrängt – das Christentum. China war nie ein religiös einheitliches Gebiet, aber die Religionen standen sich nicht feindlich gegenüber.

2. Über 200 E/qkm: Nordchinesisches Tiefland um den unteren Hwangho, Mittelchina um den mittleren (Rotes Becken) und unteren Jangtsekiang, ferner der Küstensaum von der Mandschurei bis über Kanton hinaus.
Siedlungsarme Räume sind: Tibet, das Tarim-Becken, die Dsungarei und der ganze Grenzraum der Mongolei (Wüste Gobi).

3. Nordchina und die Mandschurei: Winter kalt (Januar -10 bis -30 Grad), Sommer warm (Juli 20 bis 30 Grad), verhältnismäßig trocken.
Mittelchina: mäßig kalte Winter (Januar 0 bis 10 Grad), warme Sommer (um 30 Grad), Niederschläge von 500–1000 mm.
Südchina: subtropisches Land mit warmen Wintern (10 bis 20 Grad) heißen Sommern (über 30 Grad), reichen Niederschlägen (um 2000 mm).
Tibet und Sinkiang: winterkalte, trockene Binnenländer, im Sommer: in den Becken heiß, im Gebirge mäßig temperiert. Zusammenhang zwischen Klima und Bevölkerungsdichte: Dichte Besiedlung soweit der Sommerregen (ostasiatischer Monsun) landeinwärts reicht.

4. Bodennutzung: Nordchina: ausgedehnte Ackerbaugebiete mit Weizen, Kaolianghirse und Sojabohnen, am Hwangho auch Mais, Tabak und Baumwolle.
Mittelchina: Reis, Weizen, Hirse (Kaoliang), Mais, Soja und Tabak. Südlich des Jangtse Teekulturen.
Südchina: Reis, Baumwolle, Tee, Tabak.
In diesen chinesischen Kerngebieten herrscht die Schweinezucht. Als Zugtiere werden Pferde und Rinder, für die Reisfeldarbeiten auch Wasserbüffel gehalten.
Tibet, Sinkiang und Innere Mongolei: Wenig Ackerbau, meist nur mit künstlicher Bewässerung. Extensive Viehzuchträume, in Tibet mit Ziegen, Schafen, Rindern und Yaks, in Sinkiang und in der Mongolei dazu Kamele und Pferde.

Bodenschätze: Große Steinkohlenlager in Nord-, Mittel- und vereinzelt in Südchina. Erze an verschiedenen Stellen im chinesischen Osten, sowie entlang der Bahnstrecke Peking-Urumtschi. Eisenerzeugung: Schwerpunkt in der Mandschurei und am mittleren Hwangho (Paotao). Für seine Größe hat China wenig Erdölvorkommen, seine Förderung von 11 Mill. t (1967) deckt noch den eigenen (jetzt noch geringen) Bedarf.

5. Der Kartenausschnitt zeigt eine Reis-Baumwollandschaft: 30 % Reis, 50 % Baumwolle, 20 % Gemüse, Süßkartoffeln, Mais, Melonen und anderes mehr auf dem Kulturland.

148   Tabelle: Vgl. zwischen dem Kernland und den Randgebieten Chinas:
a) Flächengröße? – annähernd gleich.
b) Einwohnerzahl, wievielfacher Unterschied? – Kernland über 30-fache Einwohnerzahl und (da die Flächen gleich groß sind) auch über 30-fache Bevölkerungsdichte; Ursachen für den Unterschied lassen sich aus dem Querschnitt S. 148/149 erschließen.

148/149   Landschaftsquerschnitt: Für jede geschnittene Landschaft (Tarim-Becken, Hochland von Tibet, Sinkang, Rotes Becken, unteres Jangtsegebiet) sollen die Bevölkerungsdichte, die frostfreie Zeit, der Jahresniederschlag, die Höhenlage und die landwirtschaftliche Nutzung festgestellt und miteinander in Beziehung gebracht werden.

149   Das Diagramm stellt den Erdteilcharakter Chinas heraus.

150   Tabelle: Getreideernte je Kopf (Weizen, Mais, Reis, Hirse).

China	214 kg	ohne Mais:	China	187 kg
Japan	186 kg		Japan	186 kg
Indische Union	188 kg		Indische Union	173 kg
Europa	212 kg		Europa	149 kg
USA	843 kg		USA	290 kg
UdSSR	353 kg		UdSSR	223 kg

151   Zur Erschließung des Bildes:
1. Mit welchem Gerät wird der Weizen geschnitten? – Sichel.
2. Nachteile der Sichel gegenüber der Sense? – Größere Anstrengung; Körper gebückt, da linke Hand die Halme hält; geringere Leistung (etwa ein Drittel, da kleinere Schnittfläche).
3. Seit welcher Kulturepoche ist die Sichel in Gebrauch (zunächst nicht aus Metall)? – Jüngere Steinzeit.

152   Aufgaben der Tabelle:
1. Indische Union: 40 Nutztiere auf 100 Einwohner

Pakistan	32	Japan	8
China	29	BRD	54

2. China ein Land der Schweinezucht. Die Rinder zu großem Teil im Besitz nichtchinesischer Volksgruppen Chinas. Die Chinesen genießen keine Milch; daher im chinesischen Kernland keine Milchviehhaltung; gelegentlich Rinder als Arbeitstiere.
3. Pakistan ein islamitisches Land, daher ohne Schweinezucht. Japan geringe Viehhaltung, dafür wird viel Fisch verzehrt.

154   Die Tabelle macht deutlich, inwieweit China ein Entwicklungsland ist: Das Je-Kopf-Einkommen betrug in der BRD für 1959: 4648,– DM, in China aber nur 391,– DM. Das niedrige Je-Kopf-Einkommen Chinas ist ein deutliches Kennzeichen eines Entwicklungslandes. Mit diesem Einkommen von unter 400,– DM je Kopf und Jahr steht die VR China auf der gleichen Stufe wie Indien, Persien und der größte Teil der afrikanischen Länder (s. Karte S. 157).
Andererseits ist China ein Industrieland mit stark wachsender Produktion. In der Industrie und im

Handwerk sind bereits fast so viel Menschen beschäftigt wie in der Landwirtschaft. China stand 1959 in der Kohlenförderung an dritter Stelle in der Welt und setzte sich 1966 mit einer Förderung von fast 600 Mill. t an die zweite Stelle. In der Stahlerzeugung steht China gegenwärtig an 8. Stelle unter den Nationen der Erde (s. Diagramm S. 93 und nachfolgende Tabelle).

Stahlerzeugung 1967

USA	118 Mill. t	Großbritannien	24 Mill. t
UdSSR	102 Mill. t	Frankreich	20 Mill. t
Japan	48 Mill. t	Italien	16 Mill. t
BRD	35 Mill. t	China	15 Mill. t

China gehört ferner zu den 5 Atommächten der Erde: USA, UdSSR, Großbritannien, Frankreich, China. Zur Weltmachtstellung Chinas gehört die riesige Einwohnerzahl von bald 700 Mill. (über ein Fünftel der Menschheit).

154/155 Bilder:
1. Auf den 3 Bildern S. 151, 154, 155 sind Menschen fast nur im Kollektiv-Verbund zu sehen. Eine Ausnahme: – Mao, Porträt des Führers als Gegenstand des Personenkultes herausgehoben.
2. Aus welchem Bereich stammen die Vorbilder für die Kleidung der Menschen auf den 3 Bildern? – Europa.

Allgemeine Probleme der Entwicklungsländer 156 – 160

Ziel: Dieser Überblick kann dienen als:
1. Ordnende Zusammenfassung (geographisch und thematisch) nach der Darstellung der ausgewählten Länderbeispiele, im Sinne des induktiven Unterrichtsverfahrens.
2. Geographische und thematische Ausweitung im Hinblick auf Einzelerscheinungen während der Arbeit an den ausgewählten Länderbeispielen. Einzelhinweise erscheinen wegen der dann nötigen Häufung unangebracht. Es empfiehlt sich für den Lehrer eher, die hier gebotenen Möglichkeiten vor dem Beginn der Arbeit am Hauptthema „Entwicklungsländer" ins Auge zu fassen.

156/157 Karten:
1. Enge Verknüpfung untereinander und mit den Aufgaben S. 156.
2. Zur Erschließung: a) Welche Länder haben die geringste Säuglingssterblichkeit, Analphabetenzahl usw., welche die höchste? – b) Vgl. mit der Karte S. 105: Wie hoch ist die Säuglingssterblichkeit und der Anteil der Analphabeten bei den industriell am weitesten bzw. am schwächsten entwickelten Ländern?

156 Aufgaben:

1. Über 50 % Analphabeten:
a) unter 400.– DM Volkseinkommen je Jahr und Kopf (VE): Mauretanien, Libyen, Obervolta, Niger, Nigeria, Guinea, Liberia, Sierra Leone, Togo, Tschad, Sudan, Äthiopien, Zentralafrikanische Republik, Gabun, beide Kongostaaten, Ostafrika, Madagaskar, Angola, Mozambique, Betschuanaland, Südarabien, Iran, Afghanistan, Indische Union, Pakistan, China, Laos, Vietnam, Kambodscha, Indonesien, Nordkorea.
b) 400.– bis 800.– DM VE: Nördliches Zentralamerika, Bolivien, Marrokko, Senegal, Elfenbeinküste, Ghana, Ägypten, Kamerun, Rhodesien, Sambia, SW-Afrika, Saudi-Arabien, Irak, Syrien, Jordanien, Türkei.
c) 800.– bis 1200.– DM VE: Südliches Zentralamerika, Teile Westindiens, eigentliches Algerien, Malaysia.

d) 1200.– bis 2000.– DM VE: Südafrikanische Republik

20 bis 50 % Analphabeten:
a) unter 400.– DM VE: Burma, Tunesien, Mongolei.
b) 400.– bis 800.– DM VE: Thailand, Kolumbien, Surinam, Ecuador, Paraguay, Peru, Brasilien, Philippinen.
c) 800.– bis 1200.– DM VE: Mexiko, Portugal
d) 1200.– bis 2000.– DM VE: Südosteuropa
e) über 2000.– DM VE: Venezuela

Unter 20 % Analphabeten:
a) unter 400.– DM VE
b) unter 800.– DM VE
c) 800.– bis 1200.– DM VE: Spanien
d) 1200.– bis 2000.– DM VE: Japan, Argentinien, Chile, Uruguay
e) über 2000.– DM VE: Kanada, USA, Westeuropa, Mitteleuropa, Nordeuropa, Osteuropa, Ungarn, Italien, UdSSR, Australien, Neuseeland

2. Die Aufgabe 1 ergibt, daß Länder mit geringer Analphabetenquote in der Regel am wohlhabendsten sind; sehr niedrige Durchschnittseinkommen findet man bei ihnen überhaupt nicht. Dagegen haben die Staaten mit den niedrigsten Durchschnittseinkommen (unter 400.– DM je Kopf und Jahr) fast durchweg mehr als 50 %, die meisten sogar mehr als 80 % Analphabeten. Die Fähigkeit des Lesens und Schreibens ist also Grundlage des Fortschritts.
3. Nur die Versorgung mit Kohlehydraten ist bei allen dargestellten Ländern ausreichend. In Peru vielleicht noch gerade ausreichende, in Indien und Ägypten unzureichende Versorgung mit Fleisch und Fisch; in diesen 3 Ländern großer Mangel an übriger Eiweißnahrung und Fetten. Die Ernährung steht in enger Beziehung zum Einkommen und der Analphabetenzahl (Ägypten gibt für 1960: 80,5 % Analphabeten an, der Wert der Indischen Union liegt nur geringfügig darunter).
4. Die BRD steht jeweils weit an der Spitze in dieser Auswahl. Die SU folgt bei Fernseh- und Rundfunkgeräten, Mexiko bei PKW, Fernsprechstellen und Zeitungen vor Brasilien und Ägypten. Die Indische Union hat in dieser Zusammenstellung den niedrigsten Lebensstandard.

158   Diagramm: Verknüpfung mit dem Text S. 156 bis 161

Zur Tabelle:
1. Vergleich der Angaben über den Lebensstandard der Entwicklungsländer und der Industriestaaten USA, BRD.
2. Welche Entwicklungsländer haben einen besonders niedrigen Lebensstandard, welche sind am weitesten „entwickelt"?
3. Vergleich mit Tabelle S. 68. Welche europäischen Staaten gehören nach ihrem Lebensstandard zu den Entwicklungsländern? – Griechenland, Portugal, Türkei; Spanien besitzt nach diesen Angaben einen beachtlichen Vorsprung.

159   Diagramm: Zu beachten ist, daß hier die landwirtschaftlichen Maschinen nur nach ihrer Stückzahl angegeben sind: auf den riesigen Anbauflächen sowjetischer Kolchosen und Sowchosen und anglo-amerikanischen Weizenfarmen arbeiten Maschinen von einer Größe, wie sie Mitteleuropa kaum kennt (s. Bild S. 89). Welcher allgemeine Zusammenhang wird aus diesem Diagramm und den Tabellen und Diagrammen, S. 69, 109, 127 sichtbar zwischen der Maschinenausstattung der Landwirtschaft und den ha-Erträgen? – Hoher Maschineneinsatz: hohe bis mittlere ha-Erträge, im Durchschnitt nirgends niedrige bis sehr niedrige Erträge.

160   Diagramm:
1. Vergleich der Angaben des Diagrammes mit den ha-Erträgen der Landwirtschaften (S. 127).
2. Ursachen für die unterschiedliche Produktivität des wirtschaftenden Menschen?
3. Warum übertrifft der amerikanische Landwirt die Leistung des deutschen? – Großflächiger Anbau, größere und vielseitigere Maschinen; dadurch wächst der Leistungsgrad (Effektivität) der Arbeitskraft.

Der Abschnitt über Deutschland ist im Verhältnis zu dem umfangreichen Thema sehr kurz. Jedoch steht in den meisten Bundesländern höchstens eine Unterrichtsstunde in der Woche für seine Behandlung zur Verfügung. Für die Abschlußklasse bedeutet dies, daß kaum mit mehr als 20 Stunden gerechnet werden kann, so daß die meisten Lehrer trotz der Kürze zu weiterer Auswahl gezwungen sind.

Die Entwicklung von Siedlung, Wirtschaft und Sozialstruktur   161 – 164

Ziel:
Die Schüler sollen erfahren, wie sehr die heutige Gesellschafts-, Wirtschafts- und Siedlungsordnung Deutschlands in den Gang der Geschichte eingebettet sind und wie sich diese historische Bindung fördernd oder hemmend auswirkt. Diese Einsicht soll die Schüler daran hindern, unsere Ordnung einfach auf die übrige Welt zu übertragen, als könnten andere Völker diese Ordnungen einfach übernehmen. (Die einzelnen Fragen können nur kurz behandelt werden, damit der Unterricht schnell zu den eigentlichen Gegenwarts- und Zukunftsfragen vordringt.)

Vorbereitung: a) Die Schüler bereiten den Text Seite 161 – 164 vor. Sie sollen sich für den Bericht vor der Klasse Stichworte notieren. b) Gruppenaufgaben entsprechend den untenstehenden Vorschlägen.

Einstiegsmöglichkeiten:
1. Diskussion des Textes, der vorbereitet wurde.
2. Schüler oder Schülergruppen berichten über ihre Sonderaufgaben, jedoch jeweils nur wenige Minuten lang. Diese Berichte sollen Textinhalt und Unterrichtsgespräch durch konkrete Beispiele versachlichen. Als Hilfsmittel für die Schülerberichte können unter anderem dienen: Sonderkarten der Atlanten, die Spezialkarten 1 : 25 000, 1 : 50 000, 1 : 100 000 und die Generalkarte 1 : 200 000, von denen Schülereltern gelegentlich einzelne Blätter besitzen.
Außerdem bieten Geschichtsbücher, Geschichtsatlanten, die vorangehenden Bände von „Länder und Völker", vor allem Bd. 5, Unterlagen für Kurzreferate.
Jede Schule sollte für die Primaner eine kleine Arbeitsbücherei zusammenstellen, die solche Unterlagen bereithält. Darin sollten die Lehrbücher anderer Verlage nicht fehlen. Je nach Lage des Schulortes wird die Zusammenstellung differieren.

163   Karte:
Bemerkung: Der Besitz des Bauern Christian Schmidt im Jahre 1829 kommt bei den Öschen durch das Überdrucken der Farbe nicht weiß, sondern als hellere Streifen innerhalb der betreffendenÖsche heraus. Hier sind nur die alten Gewanne farbig angelegt worden, weitere Gewanne im Osten des Dorfes sind nicht farbig dargestellt, jedoch ist der Besitz des Bauern Schmidt heller hervorgehoben. Die Flur dieses Dorfes wurde durch Rodung neuer Gewanne allmählich vergrößert. Man rodete in Gemeinschaftsarbeit und teilte dann den gewonnenen Block in Streifen, so daß jeder Bauer einen davon bekam. Die alten Gewanne unterlagen der Realerbteilung. Das führte zu der heute so hinderlichen Besitzersplitterung in den Landschaften mit Gewanndörfern. Die Flurformen des Waldhufendorfes und ähnliche Systeme sind jünger (vgl. Diercke S. 38 I, II, III und Lautensach S. 62 4, 5 und 63 8, 9).
Die Vorstellungen von der Entstehung der Gewanndörfer differieren unter den Siedlungsgeographen so stark, daß die Schule sich damit begnügen sollte, die Schüler zu der Einsicht zu führen, daß dieses System ursprünglich sehr sinnvoll war, aber im Laufe der Jahrhunderte die Arbeit der einzelnen Bauern durch die Besitzersplitterung immer unproduktiver machte und daß diese Flurverfassung zusammen mit der Besitzersplitterung zu einem entscheidenden Hindernis für eine Modernisierung der Landwirtschaft geworden ist.

Zusätzliches Material und zusätzliche Arbeitsaufgaben zur Entwicklung der Agrarlandschaft:

Die verbreitetsten Ortsnamen der älteren Siedlungsperioden:
1. Vor 500 n. Chr. a) Einfache Grundwörter (Lahr) und Zusammensetzungen der Grundwörter -sal, -aha, -ach, -mar, -lar (-lern) und -loh (-loch) mit Bestimmungswörtern, z.B. Bruchsal, Bebra, Eichach, Weimar, Goslar, Wiesloch.
b) Zusammengesetzte Namen mit den Grundwörtern -ingen (-ing), -leben (-lev), -stedt, -heim (abgeschliffen zu -um), in Westfalen und am Niederrhein die Namen auf -dorf (-trup), z.B. Hechingen, Teutleben, Buttstedt, Kirchheim, Loccum, Nußdorf, Bottrop.
c) Südlich der Donau und westlich des Rheins vorgermanische Formen auf -magus, -dunum, -acum, z.B. Dormagen, Verdun, Andernach.
2. Ausbauzeit bis 900. Zusammensetzungen mit den Grundwörtern -bach (in West- und Süddeutschland), -weiler (einige -weiler-Orte gehen aber auf Römersiedlungen zurück), -hausen.
3. Rodungszeit etwa von 900 – 1200. Zusammenseztungen mit den Grundwörtern -walde, -waldau, -hain, -tann, -rode, -rade, -rath, -reuth, -schwende, -schwand, -hau, -schlag, -scheid, -zell, -kirchen und Zusammensetzungen mit Heiligennamen.

Vorschläge zur Anwendung dieser Tabelle mit Hilfe der Generalkarte 1 : 200 000 und der Atlanten:
Deutsche Generalkarte:
Blatt 10: Rodesiedlungen südlich von Rheydt mit der Endung -rath (Wickrath, Beckerath, Venrath). 15 solcher Namen sind leicht zusammenzustellen.
Zülpicher Börde mit alten Namensformen auf -ich (-iacum) (Zülpich, Sinzenich, Merzenich usw.)
Rodesiedlungen im Aggertal (Honrath, Overrath, Ründeroth, Makenbach). Auch die Namen der Eisenbahnstationen an der Strecke 240 sind in dieser Hinsicht aufschlußreich.
Blatt 16: Alte Namensformen in der Oberrheinischen Tiefebene (Schwetzingen) und junge Namensformen im Odenwald (Ochsenbach, Wiesenbach).
Blatt 17: Rodenamen südlich von Bayreuth (Tirschenreuth). 12 Namen zusammenstellen!
Blatt 21: Junge Ortsnamen westlich der Nagold (Fünfbronn) und alte Namensformen östlich der Nagold (Kuppingen). Vgl. auch „Länder und Völker" Bd. 5, S. 30/31.
Blatt 23: Junge Namensformen südöstlich von München (Ottobrunn, Hohenbrunn). Vgl. „Länder und Völker" Bd. 5, S. 11.
Blatt 24: Alte und junge Namensformen bei Müllheim (im lößbedeckten Hügelland: Buggingen, Dettingen, Zunzingen – im Gebirge: Badenweiler, Niederweiler, Schweighof).
Diercke:
S. 10 I, S. 27 I: Rodeorte im Harz (Wernigerode) und Namen auf -stadt, -leben nördlich des Harzes (Halberstadt, Oschersleben).
S. 14 II: Orte auf -ingen und -heim in der Oberrheinischen Tiefebene. Orte auf -moos, -rod, -schwend im Schwarzwald und auf -ingen östlich des Schwarzwaldes.
Lautensach:
S. 35: Namensformen a) im Thüringer Wald b) im Thüringer Becken: a) Tambach, Dietharz, Gräfenhain, Georgenthal, Friedrichroda, Neufrankenroda, Ernstroda; b) Gotha, Boilstädt, Schwabhausen, Sundhausen.
S. 44 oben: Namensformen a) in der Rhein-Mainebene, b) im Taunus: a) Büdesheim, Ingelheim, Hochheim, Rüsselsheim; b) Gladbach, Schwalbach, Welterot, Breithardt.
S. 45 links: Namensformen a) in der Oberrheinischen Tiefebene, b) im Odenwald: a) Weinheim, Heppenheim, Bensheim, Lampertheim; b) Hambach, Rimbach, Zotzenbach, Mörlenbach.
Solche Kurzreferate, die von je einem oder zwei Schülern vorbereitet werden, zwingen zur Beschäftigung mit den Karten und nehmen dem Unterricht den Charakter einer bloßen Mitteilung.
Orts- und Flurnamen sollten als Urkunden für den Siedlungsvorgang dienen, Kurzberichte von Schülern sind möglich nach Bd. 5, S. 65, 67, 69, 91, 92, 112, 113 und 125. Dazu Diercke S. 25 VII und 38.

Diese beiden Abschnitte können durch Kurzberichte von Schülern so ausgebaut werden, daß der Unterrichtsstunde der Charakter einer kurzen Information genommen wird.

Hierzu können folgende Aufgaben dienen:

Berichte von Schülergruppen zur Entwicklung der Städte:

a) Alte Städte als Zentrale Orte für die umliegenden Dörfer nach „Länder und Völker" Bd. 5, S. S. 139 – 142.

b) Bericht über Stadtgrundrisse alter Städte nach Diercke S. 36/37.

Die Aufgaben a) und b) können je einer Gruppe übertragen werden.

c) Bericht nach „Geschichtlicher Handatlas der deutschen Länder am Rhein" S. 43 – 45.

d) Bericht über Römerstädte nach demselben S. 42 oder auch nach „Menschen in ihrer Zeit" Bd. 2 (Klett-Buch 4042), S. 66.

e) Bericht über die mittelalterlichen Städte, etwa nach „Menschen in ihrer Zeit" Bd. 2, S. 66 – 76.

Berichte zur Entwicklung des Gewerbes:

a) nach dem Geschichtsbuch, z.B. nach „Menschen in ihrer Zeit" Bd. 2, S. 76 – 82: Gewerbliche Erzeugnisse und Fernhandel im Mittelalter; oder nach „Grundriß der Geschichte" Bd. 2 (Klett-Buch 4117), S. 22 – 24;

b) nach „Menschen in ihrer Zeit" Bd. 2, S. 91 und S. 100: Technischer Fortschritt und Hemmungen durch die Zunftordnung, vom Handwerk zum Großhandel;

c) nach „Menschen in ihrer Zeit" Bd. 3 (Klett-Buch 4043), S. 10 – 12: Merkantilismus in Frankreich; S. 63: Die Physiokraten in Frankreich, Der Wohlstand Frankreichs; oder nach „Grundriß der Geschichte Bd. 2, S. 107 – 108; Die französische Wirtschaft;

d) nach „Menschen in ihrer Zeit" Bd. 3, S. 84: Der Wohlstand im französisch besetzten Rheinland und im Königreich Westfalen;

e) Beginn der Industrialisierung in England, in Deutschland und „Der deutsche Zollverein" nach „Menschen in ihrer Zeit" Bd. 3, S. 101 – 103, 104 – 105, 106 – 108, oder nach „Grundriß der Geschichte" Bd. 2, S. 208 – 210, 212 – 214.

Die Berufsgliederung   165 — 168

Ziel:

Die Schüler sollen Einsicht in den Wandel des Erwerbslebens im Zuge der Industrialisierung gewinnen. Sie sollen mit den Begriffen „primärer", „sekundärer" und „tertiärer Sektor" vertraut werden und die Stellung der BRD sowie der DDR im Rahmen dieser Entwicklung erfassen. Die USA geben das Beispiel für die am weitesten fortgeschrittene Volkswirtschaft, in der im tertiären Bereich fast doppelt so viele Menschen arbeiten wie im sekundären.

Hinweis: Die Zahlen der Tabelle S. 166 sind der amtlichen Berufsstatistik entnommen. Alle etwa in einem Industrie- oder Gewerbebetrieb Tätigen sind hierbei dem sekundären Sektor zugezählt, auch die Angestellten (vgl. Bemerkung unter Tabelle S. 166).

Vorbereitung: Text S. 165 – 168 durch alle Schüler vorbereiten lassen. Auswertung der Diagramme und Tabellen und Lösung der Aufgaben durch Schülergruppen.

Einstieg:

Analyse der Diagramme, Tabellen und Aufgaben. Berichte der Schülergruppen. Empfehlenswert ist es auch, die entsprechenden Daten für die eigene Stadt oder den eigenen Landkreis eruieren und untersuchen zu lassen. Unterlagen bietet das Statistische Jahrbuch deutscher Gemeinden, das in den Gemeindeverwaltungen entliehen oder eingesehen werden kann.

Die Erörterung des tertiären Bereiches könnte vertieft werden, indem z.B. der Sohn eines Arztes einen maximal fünf Minuten langen Bericht über die wachsende Zahl der Ärzte und der in der Gesundheitspflege Beschäftigten, der Krankenhausbetten und der Aufwendungen der Volkswirtschaft für die Gesundheit liefert.

165 Diagramm:
Es handelt sich hier um zwei Diagramme, die nebeneinander stehen. Sie zeigen die Veränderung der Erwerbstätigkeit im Zuge der Industrialisierung.
Das linke Diagramm zeigt den Rückgang der Zahl der Erwerbstätigen im primären Bereich. Die Jahreszahlen längs der Abszisse gelten für einen früh industrialisierten europäischen Staat, etwa für Großbritannien oder die Bundesrepublik Deutschland.
Das rechte Diagramm zeigt die Entwicklung der Erwerbstätigkeit im sekundären und im tertiären Bereich. Dieses Diagramm enthält keine Jahreszahlen längs der Abszisse, stattdessen werden die einzelnen Entwicklungsperioden besonders hervorgehoben. Dieses Diagramm ist auf jeden Staat übertragbar. Ein wesentlicher Teil dieses Diagramms stellt einen Vorgriff auf zukünftige Verhältnisse dar.
Zusätzliche Angaben für die USA: Primärbereich: 6,5 % der Erwerbstätigen
                                 Sekundärbereich: 33,5 % der Erwerbstätigen
                                 Tertiärbereich: 60 % der Erwerbstätigen
An welcher Stelle des rechten Diagramms sind die USA also einzuordnen? – In der Endphase der Übergangsperiode. Der Zeitpunkt, zu dem im sekundären Bereich ebensoviele Erwerbstätige arbeiteten wie im tertiären (Schnittpunkte der beiden Kurven), ist längst vorüber.
Beantwortung der Fragen zu den Diagrammen:
a) Innerhalb der linken Kurve befindet sich die BRD am Ende der Übergangsperiode. Innerhalb der rechten Kurve ist sie noch in der Ausdehungsperiode, und zwar noch vor der Stelle, an der die Zahl der im tertiären Bereich Tätigen größer wird als die der im sekundären Bereich Beschäftigten.
b) Die Türkei befindet sich in der ersten Kurve erst im Jahre 1820, in der rechten Kurve am Beginn der Startperiode. Die Türkei ist also ein ausgeprägtes Entwicklungsland.
c) Das Japan des Jahres 1965 muß in der linken Kurve dem Jahre 1950 zugeordnet werden. Im rechten Diagramm steht Japan dagegen bereits weiter rechts als etwa die BRD. Die besonders arbeitsintensive Form der Landwirtschaft darf darüber nicht hinwegtäuschen. Darin zeigt sich, daß die Diagramme nicht einfach schematisch angewendet werden dürfen.
d) Mexiko ist in der linken Kurve etwa im Jahre 1885, in der rechten Kurve am Beginn der Startperiode einzuordnen. Der hohe Anteil der Dienstleistungen darf hier nicht als Zeichen einer besonders fortgeschrittenen Entwicklung gelten; es handelt sich um Dienstleistungen, die in der vorindustriellen Gesellschaft üblich sind, z.B. häusliche Dienste.
e) Brasilien ist in der linken Kurve im Jahre 1880, in der rechten Kurve im ersten Drittel der Startperiode anzusetzen. Für die Dienstleistungen gilt dasselbe wie bei Mexiko.
Die Kurven von Fourastié sind ein wichtiges Hilfsmittel, den Entwicklungsstand der Volkswirtschaften im Zuge der Industrialisierung zu beurteilen. Die Beispiele zeigen, daß man niemals schematisch vorgehen darf. Für die weiter entwickelten europäischen Staaten ist die Einordnung einfacher.
Unter den europäischen Staaten ist in Großbritannien die Gruppe der Dienstleistungen mit über 50 % am stärksten. Die anderen Industriestaaten befinden sich alle noch in der Ausdehnungsperiode. In keinem der Länder arbeiten im tertiären Bereich die meisten Erwerbstätigen. Die Türkei und Griechenland befinden sich noch in der Startperiode.

166 Tabelle:
Die Aufgaben des Buches beziehen sich auf die Jahre 1950 – 1965. Hier werden außer diesen Angaben auch die Veränderungen 1950 – 1967 angegeben. Alle Prozentzahlen sind auf 1950 zu beziehen!
1. Rückgang der Beschäftigten 1950 – 1965 um 2 357 000, oder knapp 48 %. Für den Zeitabschnitt 1950 – 1967 sind die Zahlen: 2 442 000 bzw. 48 %.
2. In der Gruppe II beträgt der Zuwachs 1950 – 1965 3 822 000, d.h. 41 %. Für den Zeitabschnitt 1950 – 1967 sind die Zahlen: 2 971 000 bzw. 32 %. Zwischen 1965 und 1967 ist die Zahl in Gruppe II gesunken, entsprechend dem rechten Diagramm S. 165.

Die Gruppe III hatte den folgenden Zuwachs: 1950 – 1965 4 024 000 oder 59 %, 1950 – 1967 4 227 000 oder knapp 60 %.

3. Die Zuwachszahlen sind in Gruppe III absolut und prozentual am höchsten, entsprechend der Kurve des rechten Diagramms S. 165.

4. Seit 1965 schwankt der Anteil der im primären Bereich der BRD Tätigen zwischen 10 und 11 %. Ihr Beitrag zum Volkseinkommen betrug 1965 6,6 %.

5. In Gruppe III arbeiteten 1967 mehr als viermal so viele Menschen wie in der Gruppe I. 1965 waren es nur 1,4mal so viele. Zwischen 1965 und 1967 war der Anstieg in der Gruppe III also besonders hoch.

167 Tabelle:

1. Die höhere prozentuale Erwerbstätigkeit der Männer in der BRD liegt im Altersaufbau begründet (vgl. S. 169 und S. 123). Der Anteil der Männer im arbeitsfähigen Alter (15 – 65 Jahre) ist gegenüber dem der Kinder recht hoch. Ein umgekehrtes Verhältnis weisen die USA, die Sowjetunion, Israel und die Entwicklungsländer auf (vgl. hierzu Tabelle S. 170).

2. Ein wesentlicher Grund ist in der Tatsache zu suchen, daß nicht einmal für die Männer genügend Arbeitsplätze vorhanden sind. Ein weiterer Grund ist in der sozialen Stellung der Frau zu sehen (patriarchalische Familienstruktur, keine Gleichberechtigung z.B. in der Ausbildung).

3. a) Anteil der Frauen am Erwerbsleben über 40 %: SU und DDR. Großer Bedarf an Arbeitskräften durch die rasche Industrialisierung. Gesellschaftsideologie, die die Frau dem Manne völlig gleichberechtigt in den Arbeitsprozeß einspannt, um die gesamtwirtschaftliche Leistung zu heben. Niedrige Löhne zwingen beide Ehepartner zur Mitarbeit. Dieses gilt für alle Ostblockstaaten.

b) Anteil der Frauen um 30 %: die westlichen Industriestaaten. Motiv: Hebung des Lebensstandards. Berufstätigkeit der Frauen in BRD und DDR als Folge des Krieges (Verlust der Männer). Die USA zeigen, wohin die Entwicklung in den Industriestaaten geht: Abnahme der Frauenbeschäftigung mit steigendem Lebensstandard.

c) Anteil unter 20 %: Staaten wie Spanien und Entwicklungsländer wie Ägypten, Guatemala, Libyen. Begründung s. unter 2.

Der Altersaufbau und das Zahlenverhältnis
der Arbeitenden zu den Rentnern   169 – 171

Ziel:

Auch hier sind die toten Zahlen Ballast, wenn sie nicht zu Einsichten führen: Unterschiede unter den Völkern, insbesondere zwischen industrialisierten und solchen, die erst am Anfang dieser Entwicklung stehen, aber auch unter den Industrienationen selbst sollen erkannt werden. Diese Fakten wiederum haben nur einen Sinn, wenn die Schüler die Konsequenzen für die Zukunft sehen, z.B. wie stark die BRD und die DDR gegenüber anderen industrialisierten Völkern für die Zukunft durch die Leistungen für die Alten belastet sind.

Vorbereitung: Alle Schüler bereiten den Text vor, notieren sich Stichworte. Einzelne Schülergruppen werten die Diagramme und Tabellen S. 169 – 171 und weitere Angaben des Buches aus: S. 44, S. 104, S. 107, S. 123, S. 140/141.

Einstiegsmöglichkeiten:

1. Bericht der Gruppen.

2. Bericht über den Text, wobei die Stichworte benutzt werden sollen.

3. Diskussion eines aktuellen Presseartikels, der dazu führt, die Darstellung des Buches zu Rate zu ziehen.

Es wird empfohlen, hier die Begriffe Geburtenrate, Sterberate, Lebenserwartung zu wiederholen, die auf S. 140/141 im Kapitel Indien eingeführt wurden.

169   Bevölkerungspyramide:
Fragen, die von den Schülern oder Schülergruppen zu beantworten sind:
1. Vergleich der Pyramiden S. 107 (Ägypten und Schweden) mit der Pyramide S. 169.
a) Welche der graphischen Darstellungen kann eigentlich nur als Pyramide bezeichnet werden? – Die
Darstellung des ägyptischen Altersaufbaus; der jüngste Jahrgang ist der stärkste, Jahr für Jahr stirbt
ein Teil der Altersgruppen, so daß die Balken nach oben zu immer kürzer werden.
b) Welche Anomalien zeigt demgegenüber die Pyramide Schwedens?
Die Altersgruppe 15 – 19 Jahre ist wesentlich größer als die drei jüngeren Altersgruppen. Sogar die
Gruppe 50 – 54 Jahre ist größer als die Gruppe der Jüngsten. Diese Gruppe wird im Laufe der Jahrzehnte weiter zusammenschrumpfen. Die Pyramide steht auf einem sehr schmalen Fundament; wir
können daher eher von einer Säule als von einer Pyramide sprechen. Grund: Sinken der Geburten-
und Sterbeziffern.
c) Besondere Anomalien der Pyramide der Bundesrepublik Deutschland:
Sie ähnelt eher der Säule Schwedens als der Pyramide Ägyptens. Deutlich treten die Geburtenaus-
fälle während der beiden Weltkriege in Erscheinung. In den Altersgruppen 40 Jahre und älter
herrscht ein starker Frauenüberschuß, da viele Männer in den Kriegen gefallen sind. Da diese Frauen
keine Ehepartner finden konnten, sank die Geburtenzahl in den Jahren, in denen diese Frauen
zwischen 16 und 40 Jahre alt waren. – Die Zahl der 25jährigen ist größer als die Zahl in der jüngsten Altersgruppe. Die Jungen werden also zahlenmäßig die aus dem Arbeitsprozeß Ausscheidenden
nicht ersetzen können. In den Entwicklungsländern erhebt sich das Problem: Wie kann man für
die vielen Jungen Arbeitsplätze schaffen. In der BRD und in allen europäischen Industrievölkern ist
das Problem umgekehrt: Wie kann man die fehlenden Arbeitskräfte durch Mechanisierung und durch
Anwerben von Gastarbeitern ersetzen.
d) Bemerkenswert ist die Umkehrung des Zahlenverhältnisses der Geschlechter. In den Altersgruppen
über 38 Jahre herrscht wie seit Jahrtausenden ein Frauenüberschuß, in den Gruppen unter 38 Jahren
herrscht dagegen ein Männerüberschuß. Das gilt von allen Industrievölkern. Grund: Früher wurden
mehr Jungen geboren, es starben aber im ersten Lebensjahr so viele, daß sich das Zahlenverhältnis
der Geschlechter umkehrte. Dank der Entwicklung der Medizin ist gerade die Sterblichkeit unter
den männlichen Säuglingen entscheidend zurückgegangen, so daß sich der natürliche Jungenüberschuß
durchsetzte. – Die außergewöhnliche Höhe des an sich natürlichen Frauenüberschusses in den
Altersgruppen über 38 Jahre erklärt sich durch die hohen Kriegsverluste der Männer.

169   Diagramm:
Dieses Diagramm basiert auf der Untersuchung der britischen Bevölkerung im Zuge der Industrialisierung. Es läßt sich nach den bisherigen Beobachtungen auf alle Länder übertragen, die einem fort-
schreitenden Industrialisierungsprozeß unterliegen. Es gilt also auch für die BRD. – Diese Kurven
geben die Möglichkeit für eine Prognose der Entwicklung in den Entwicklungsländern.

170   Tabelle:
Fragen zur Auswertung:
1. Wie ist das Zahlenverhältnis der über 65jährigen zu den unter 15jährigen? Beschränken Sie sich
auf Beispiele! – BRD etwa 1 : 2; USA 1 : 3,5; SU 1 : 9; Israel 1 : 6; Ägypten 1 : 14; Ghana 1 : 15.
2. Was zeigt der Vergleich der Altersgruppen „unter 15" und „15 – 30" bei Japan? – Japan nähert
sich jetzt der Entwicklung in den altindustrialisierten Ländern.
3. Vergleichen Sie das Zahlenverhältnis der Altersgruppen „unter 15" und „15 – 30" in den USA,
der SU, in Ägypten, Israel und in der BRD! Suchen Sie nach Gründen für die Unterschiede! –
USA 1,5 : 1 (relativ hohe Geburtenrate), SU 2 : 1 (hohe Geburtenrate, außerdem hohe Kriegsverluste
in der Altersgruppe II), Ägypten 2 : 1 (hohe Geburtenrate, aber auch hohe Kindersterblichkeit; vgl.
Pyramide S. 107), Israel 1,5 : 1 (hohe Geburtenrate), BRD 1 : 1 (niedrige Geburtenrate).

171   Tabelle:
oben   1. Auf 100 Menschen außerhalb des Erwerbslebens kamen in der BRD 1939 229, 1965 163, in der
DDR 1939 208, 1965 139 Menschen im Erwerbsalter. In der BRD mußten also 1939 229 Menschen
im Erwerbsalter 100 andere mit ernähren, 1965 mußten bereits 163 dieses leisten. – Mögliche

Kritik: Es gibt auch Nichterwerbstätige über 15 Jahre und Menschen uber 60 und 65 Jahre, die noch erwerbstätig sind. Diese Einschränkungen ändern aber an dem Ergebnis nichts, daß das Verhältnis zwischen Menschen im Erwerbsalter und Menschen außerhalb des Erwerbsalters immer ungünstiger wird. Warum? – Altersaufbau (vgl. Bevölkerungspyramide), höhere Lebenserwartung, verlängerte Ausbildungszeiten, Herabsetzung des Pensionsalters.

2. Tabelle S. 170 mit heranziehen! Die Belastung der Erwerbstätigen in den westeuropäischen Ländern entsteht vor allem durch den Prozentsatz der über 65jährigen, während sie in den anderen durch die hohe Kinderzahl bedingt ist.

1939 war der Anteil der Jungen in beiden Teilen Deutschlands etwa gleich hoch, die Zahl der Alten war in der BRD größer als in der DDR. 1965 ist der Anteil der Jungen und der Alten in der DDR wesentlich größer als in der BRD. Deshalb stehen in der BRD knapp 39 von Hundert im Erwerbsalter, in der DDR nur 28 von Hundert. Das ist eine Folge der „Republikflucht", die vor allem die arbeitsfähigen Jahrgänge betraf.

Bemerkung zu dieser Tabelle: Im Gegensatz zur Tabelle S. 170 sind die Anteile nicht auf die gesamte Bevölkerungszahl bezogen, sondern auf die Zahl der im Erwerbsalter Stehenden. Der Hinweis soll verhindern, daß die Zahlen der beiden Tabellen mechanisch verglichen und angezweifelt werden. Für 1939 sind die Zahlen für das Gebiet der BRD und der DDR errechnet worden.

Die gewerbliche Wirtschaft   171 – 186

Ziel:
Angestrebt wird die Einsicht des Schülers in die Bedeutung der einzelnen Wirtschaftszweige aufgrund der Angaben der Tabelle S. 171: Zahl der Beschäftigten, Umsatz, Auslandsumsatz, Umsatz je Beschäftigtem, Anteil der Löhne und Gehälter am Umsatz.
Hier sollen Begriffe wie „lohnintensiv" und „kapitalintensiv" eingeführt werden. Vergleiche, z.B. zwischen der Feinkeramik (Anteil der Löhne und Gehälter am Umsatz 38 %) und der Mineralölverarbeitung (knapp 4 %), müssen die Schüler zu einem ganzen Komplex von Fragen hinführen, bis zur Frage der unterschiedlichen Bedeutung von Lohnsteigerungen für den Preis der Ware oder der Rentabilität des Betriebes.

Vorbereitung: Alle Schüler bereiten den Text S. 171/172 vor. Schülergruppen vergleichen selbstgewählte Industriezweige aufgrund der Tabelle S. 171 unten.

Einstieg:
Als Einstieg bietet sich die Auswertung der Tabelle S. 171 an. Definitionen der Begriffe und Angaben über andere Industriezweige liefert das Statistische Jahrbuch. – Es liegt nahe, einen wichtigen Industriebetrieb am Schulort zusätzlich nach den gleichen Gesichtspunkten zu betrachten. Eine Werksbesichtigung dieses Betriebes wird empfohlen.

171 Tabelle:
unten Hinweis: Die Zahlen betreffen nur Bergbau und Industrie, nicht den primären und den tertiären Bereich.
Mit den folgenden Fragen läßt sich die Tabelle erschließen:
1. Vergleichen Sie die Zahlen für den Bergbau und für die vier großen Gruppen der verarbeitenden Industrie a) nach der Zahl der Beschäftigten, b) nach dem Umsatz! Stellen Sie die Rangfolge fest!
Rangfolge zu a): Investitionsgüterindustrie, Verbrauchsgüterindustrie, Grundstoff- und Produktionsgüterindustrie, Nahrungs- und Genußmittelindustrie, Bergbau. Verhältnis etwa 7 : 4 : 3 : 1 : 1.
Rangfolge zu b): Investitionsgüterindustrie, Grundstoff- und Produktionsgüterindustrie, Verbrauchsgüterindustrie, Nahrungs- und Genußmittelindustrie, Bergbau. Verhältnis etwa 14 : 11 : 7 : 6 : 1.
Der Bergbau spielt also nicht die Rolle, die man nach dem Interesse in der Öffentlichkeit vermuten sollte. Nach dem Umsatz steht er besonders weit zurück.

2. Führen Sie den Vergleich a) nach dem Umsatz pro Beschäftigtem und b) nach dem Anteil der Löhne und Gehälter durch!

Zu a): Nahrungsmittel- und Genußmittelindustrie, Grundstoff- und Produktionsgüterindustrie, Investitionsgüterindustrie, Verbrauchsgüterindustrie, Bergbau. Zahlenverhältnis etwa 11 : 6 : 4 : 4 : 2.

Zu b): Bergbau, Investitionsgüterindustrie, Verbrauchsgüterindustrie, Grundstoff- und Produktionsgüterindustrie, Nahrungs- und Genußmittelindustrie. Zahlenverhältnis etwa 5 : 3 : 2 : 2 : 1.

Die Reihe 2. a) unterscheidet sich von der Reihe 2. b) ebenso wie von den Reihen 1. a) und 1. b). – Wirtschaftszweige mit einem hohen Anteil der Löhne und Gehälter nennt man lohnintensiv. Sie sind gegenüber Lohnerhöhungen weit empfindlicher als Wirtschaftszweige mit geringem Lohnanteil. Beispiel: Bei der Mineralölverarbeitung bedeutet eine Lohnerhöhung für das Werk nur 1/16 oder weniger als 7 % der Belastung, den die gleiche Lohnerhöhung für den Steinkohlenbergbau bedeutet.

3. Welche Industriezweige hängen besonders stark vom Auslandsumsatz ab? – Fahrzeugbau, Maschinenbau, Feinmechanik und Optik mit über 1/3 des Umsatzes, Feinkeramik und Chemie mit knapp 1/3 des Umsatzes. Bei der Milch- und Tabakverarbeitung sind es aber nur 1/100, bei der Holzverarbeitung 1/20, bei der Mineralölverarbeitung 1/25. – Solche Feststellungen sind sinnlos, wenn sie nicht zu wesentlichen Fragen führen, die dann diskutiert werden. Was bedeutet z.B. die Abhängigkeit vom Export für den Preis des einzelnen Stückes, für die Sicherheit der Beschäftigung der Arbeiter. An einer solchen Statistik lassen sich aber auch die Grenzen einer Zahlenanalyse aufzeigen; es bedarf stets einer besonderen Überprüfung, ob das Ergebnis richtig ist, z.B. bedeuten 4 % Exportanteil bei der Mineralölindustrie keineswegs Unabhängigkeit vom Weltmarkt. Die Abhängigkeit ist hier bedingt durch den hohen Importanteil des verarbeiteten Rohöls und durch den Import großer Mengen von Raffinerieprodukten, z.B. von Heizöl, die den deutschen Betrieben Konkurrenz machen.

1. Der Bergbau   172 – 177

Der Abschnitt beschränkt sich im wesentlichen auf den Steinkohlen- und Erzbergbau.

Ziel:

Die Schüler sollen die Bedeutung dieses Wirtschaftszweiges innerhalb der deutschen Volkswirtschaft erkennen. Weiterhin sollen für das Ruhrgebiet und das Saargebiet der Wandel von höchster Standortgunst zu ausgesprochener Standortungunst im Zuge der technischen Entwicklung und des weltweiten Wettbewerbes erkannt und die daraus resultierenden Sorgen der Bergbaugebiete erfaßt werden.

Vorbereitung: Alle Schüler lesen den Text S. 172 – 177 und notieren Stichworte. Schülergruppen bearbeiten die Aufgaben und Fragen zu den Tabellen S. 174, 175 und 177. Es empfiehlt sich auch, die Kenntnisse aus Bd. 5 zu wiederholen, indem einzelne Schüler über Abschnitte dieses Bandes berichten, z.B. über die Steinkohle und die eisenschaffende Industrie des Ruhrgebietes (Bd. 5, S. 45 – 47) oder/und die Entstehung der Bodenschätze (Bd. 5, S. 158 – 160).

Einstiegsmöglichkeiten:
1. Bericht über den Text anhand notierter Stichworte.
2. Auswertung der Tabellen; der Text wird dabei mitverwertet.
3. Vorlesen eines aktuellen Presseberichtes oder Schülerbericht über einen solchen Presseartikel.

172   Tabelle:
1. Bis 1966 stieg die Zahl der Beschäftigten, dann ging sie zurück. Die Zahl der geleisteten Arbeitsstunden war bereits 1966 geringer als 1963. Die Arbeitszeit hat sich also verkürzt.
2. Die Zahl der Arbeitsstunden ist in den letzten zehn Jahren um etwa 10 % gesunken, die gezahlten Löhne und Gehälter haben sich dagegen vervielfacht. Mögliches Diskussionsthema: Ist das Realeinkommen entsprechend gestiegen, d.h., hat sich die Kaufkraft erhöht, oder ist sie durch Preissteigerungen aufgezehrt worden?
3. Die Löhne haben sich seit 1957 mehr als verdoppelt, die Umsätze sind nicht entsprechend

gestiegen. Damit ist also der Anteil der Löhne und Gehälter am Umsatz gestiegen. Zwischen 1950 und 1957 war dagegen der Anstieg der Löhne und Gehälter geringer als der der Umsätze. Seit 1957 haben die Löhne nachgezogen.

173 Kartogramm:
1. In der ersten Periode der Industrialisierung bedeutete die Nähe der Steinkohle einen großen Standortvorteil; eine weitere Standortgunst ergab sich daraus, daß in einigen Gebieten bereits in vorindustrieller Zeit ein Textilrohstoffe und Eisen verarbeitendes Gewerbe ansässig war, das viele Facharbeiter zu stellen vermochte. Schließlich stellte das Ruhrgebiet mit seinen vielen Menschen ein hervorragendes Absatzgebiet nicht nur für Zubringerindustrien dar, sondern auch für die Konsumgüterindustrie sowie für die Nahrungsmittelindustrie. So bildete sich rings um das eigentliche Revier ein Ring von Verbrauchsgüterindustrien heraus.
2. Im Vergleich zu den anderen Ländern waren die Standortvorzüge nicht so bedeutend, daß sie sich in diesem Kartogramm sichtbar ausdrücken könnten. Die Hüttenwerke Niedersachsens (Peine, Ilsede, Salzgitter) sind in der Nähe von Eisenerzlagerstätten lokalisiert.
3. In Lübeck steht ein altes Hüttenwerk, in der Nähe von Bremen ein neues Werk des Klöcknerkonzerns. Die Möglichkeit, mit Seeschiffen überseeische Erze und Kohlen unmittelbar bis ans Werk zu bringen, bedeutet in der Gegenwart eine besondere Standortgunst. Lübeck ist heute allerdings zu abgelegen sowohl für die Zufuhr von Rohstoffen als auch für den Absatz.

Weitere Fragen, die zur Erschließung dieses Kartogramms dienen und als Einzel- oder Gruppenaufgaben bearbeitet werden können:
4. Stellen Sie eine Rangfolge der Regierungsbezirke nach der Zahl der Beschäftigten in der eisenverarbeitenden Industrie auf (50 000 Beschäftigte = 1 Einheit)! Wo wird ein Zusammenhang mit der eisenschaffenden Industrie deutlich? – Düsseldorf, Nordwürttemberg (je 5), Arnsberg (4), Hamburg, Köln, Darmstadt, Nordbaden, Südwürttemberg-Hohenzollern, Oberbayern (je 2). – Nur in Nordrhein-Westfalen wird ein Zusammenhang mit der eisenschaffenden Industrie deutlich; in Nordwürttemberg arbeiten aber mehr Menschen in der Eisenverarbeitung als im Regierungsbezirk Arnsberg (Dortmund, Bochum, Hagen, Witten, Iserlohn, Siegen usw.).
5. Stellen Sie eine Rangfolge wie in Aufgabe 4 für die Textilindustrie auf! – Düsseldorf (2), Münster, Nordwürttemberg, Südwürttemberg-Hohenzollern (je 1). Besonders auffällig ist die große Zahl von Beschäftigten in Nordrhein-Westfalen; der Grund dafür ist darin zu sehen, daß die Textilindustrie in diesem Bundesland wegen der großen Bevölkerungsdichte einen aufnahmefähigen Absatzmarkt vorfindet.
6. Stellen Sie eine entsprechende Tabelle für die chemische Industrie auf! – Düsseldorf (2), Köln, Wiesbaden und Pfalz (je 1). Auffällig ist die Konzentration entlang des Rheins.

174 Tabellen:
u. 175 Die Fragen zur Tabelle S. 174 betreffen auch die Tabelle S. 175.
1. Das Volumen des Welthandels mit Kohle sank zwischen 1957 und 1966 um über 20 %, das des Eisenerzes stieg in der gleichen Zeit um 94 %.
2. Großbritanniens Anteil auf dem Kohlemarkt (Export) ist bis auf 4 % gesunken. Die USA lieferten 1957 weit über die Hälfte und 1966 noch knapp die Hälfte aller Kohle, die auf den Weltmarkt kommt. Eisenerz müssen beide Länder in großen Mengen importieren.
3. Die BRD stellt 27 % des Weltexports an Kohle und steht damit an der zweiten Stelle hinter den USA. Der Export macht ca. 20 % der Förderung aus und spielt damit im deutschen Bergbau eine wichtige Rolle. Ohne ihn müßte die Förderung um 25,8 Mill. t gedrosselt werden, wenn der Import im gleichen Umfang beibehalten wird.
4. Der Erzimport Japans hat sich fast verfünffacht (487 %), der der BRD nicht ganz verdoppelt (85 %). Das Verhältnis Eigenförderung zu Import war 1966 in Japan 1 : 20, in der BRD 1 : 3,5. Trotz geringer Bodenschätze ist Japan inzwischen zum drittgrößten Eisen- und Stahlerzeuger auf der Erde geworden.

175 Zusätzliche Angaben zum Text:
Schon an dieser Stelle sollten die Bergbaugemeinden als arme Gemeinden gekennzeichnet werden (Vorwegnahme von S. 212)

Gemeinde	Einwohnerzahl in 1000	Steuereinnahmen in Mill.DM	davon Gewerbest.	Gesamtsteuern pro Einwohner
Köln	828	250	203	302
Duisburg	502	146	128	291
Recklinghausen	132	20	16	151
Solingen	173	42	35	249
Herne	112	18	15	161
Remscheid	129	38	33	294
Wanne-Eickel	108	18	15	166
Neuss	100	30	26	300
Herten	52	7	6	135
Siegen	52	13	11	250
Kamp-Lintfort	36	5	4,5	139
Wesseling	21	12	11,7	571

Es sind immer zwei Städte vergleichbarer Größe untereinandergestellt worden. Die Tabelle zeigt:
1. Das Steueraufkommen pro Einwohner ist in Köln und in Duisburg etwa von gleicher Größenordnung. 2. Alle Bergbaustädte haben dagegen ein sehr viel geringeres Steueraufkommen pro Einwohner als die als Beispiel dazugesetzten anderen Städte. Besonders stark differiert das Gewerbesteueraufkommen. Am auffälligsten ist der Unterschied zwischen der Bergbaustadt Kamp-Lintfort und Wesseling. In Remscheid ist das Gewerbesteueraufkommen pro Einwohner doppelt so hoch wie in der Bergbaustadt Herne, in Siegen fast doppelt so hoch wie in der gleich großen Bergbaustadt Herten.
Diese Fakten erlauben Rückschlüsse darüber, was eine Stadtverwaltung für ihre Bürger leisten kann, denn vom Steueraufkommen hängen die Investitionen für Straßenbau, Schulen, Theater, Parkanlagen und vieles andere ab. Ohne solche weiterführenden Überlegungen bleiben die Zahlen wertlos. Die Primaner sollen lernen, aus Zahlen Folgerungen zu ziehen.

2. Das Verhältnis der Energieträger untereinander   177 — 178

Ziel:
Der Anteil der Kohle am Energieverbrauch in der Bundesrepublik Deutschland sinkt ständig, und das Erdöl wird immer mehr zur wichtigsten Energiequelle. Der Vergleich mit Großbritannien und ausgewählten anderen Ländern soll zeigen, wie sehr die BRD noch an der Kohle festhält und wie weit andere Industriestaaten sich schon von ihr gelöst haben. Die Wasserkraft spielt in der BRD im Vergleich etwa zu Norwegen, Schweden, Spanien, Frankreich eine minimale Rolle.

Vorbereitung: Alle Schüler bereiten den Text vor und werten die Tabelle S. 177 aus. Schülergruppen lösen die Aufgaben zur Tabelle S. 177 und wiederholen die Ergebnisse der Tabellen S. 174 und 175. Ein Schüler berichtet über „Länder und Völker", Bd. 5 E (Klett-Buch 4659), S. 126 – 128.

Einstiegsmöglichkeiten:
1. Berichte der Schüler oder Schülergruppen über die bearbeiteten Aufgabenbereiche.
2. Gemeinsame Erörterung der Tabelle S. 177. Die Schülergruppen berichten über ihre Sonderaufgaben im Rahmen dieser Analyse.
3. Schülerbericht nach Bd. 5 E.

Tabelle:
Die Analyse dieser Tabelle kann in mehreren Schritten erfolgen: 1. Beschränkung auf den Anteil der
Kohle 1966. Gegenüberstellung der alten Steinkohleproduzenten und der steinkohlearmen Länder.
2. Vergleich dieser Angaben mit dem Jahr 1956 etwa für folgende Beispiele: BRD, Großbritannien,
Belgien, Luxemburg. Vergleich BRD – Schweden – Norwegen – Italien. 3. Erst jetzt Analyse
der Spalten Erdöl entsprechend dem ersten und zweiten Schritt. 4. Vergleich der Spalte Wasserkräfte
1966, dann Entwicklungstendenz seit 1957.
Anmerkung: Kohle, Erdöl und Wasserkraft sind „Primärenergien". Elektrische Energie geht immer
auf Primärenergie zurück.
Aufgaben:
1. a) In der BRD und in Großbritannien stand 1956 die Steinkohle bei weitem an der Spitze. Die
anderen Energieträger bestritten zusammen nur etwa 15 % des Verbrauchs an Primärenergie. In
den anderen drei genannten Ländern blieb der Anteil der Kohle schon 1956 unter 50 %, in Norwegen betrug er sogar nur 8 %. b) In den europäischen OECD-Ländern ist der Anteil der Kohle 1966
um fast die Hälfte ihres Anteils 1956 gesunken. In der BRD stellt sie nur noch knapp die Hälfte
der Gesamtenergie.
2. In Großbritannien, Belgien-Luxemburg und in der BRD, also in den alten Steinkohleländern, die
zugleich die ältesten Industriestaaten sind.
3. In Dänemark, den Niederlanden, Griechenland, Schweden und Frankreich (50 % und mehr).
4. Wasser und Erdöl sind die billigsten Energiequellen, ihr Einsatz bedarf des geringsten Aufwandes
an menschlicher Arbeitskraft. Die Betriebe mit hohem Energiebedarf, die Erdöl oder Wasser
benutzen, können billigere Produkte liefern als Betriebe, die die Kohle als Energiequelle nutzen.

3. Die Eisenhüttenindustrie   178 – 180

Ziel:
Dieser Abschnitt strebt Einsichten in die folgenden Problemkreise an: a) Es gibt keine absolute, von
der Natur gegebene Standortgunst, sondern diese ändert sich ständig im Zuge der technischen
Entwicklung. Bis etwa 1850 waren die Schiefergebirge mit Erzbergbau der günstigste Standort für die
Eisenhüttenindustrie – dann die Zone der verkokbaren Fettkohle – dann die Wasserstraßen und
Kanäle und schließlich die Küsten, an denen das Erz umgeschlagen wird.   b) Die enge Verflechtung
von Erzversorgung und Standortgunst für die eisenschaffende Industrie. c) Die Eigengesetzlichkeit
von Eisenhüttenstädten, die nicht einfach verlegbar sind. d) Die Fragwürdigkeit der eisenschaffenden
Industrie und verarbeitenden Betriebe an ausgesprochen ungünstigen Standorten. e) Die Stellung
der eisenschaffenden Industrie im Rahmen der EWG und der Weltwirtschaft.

Vorbereitung: Alle Schüler bereiten den Text S. 178 – 180 vor. Schülergruppen analysieren die
Tabelle S. 175 und berichten über das Kartogramm S. 173 unter Beschränkung auf die eisenschaffende und eisenverarbeitende Industrie (vgl. S. 68 dieses Heftes).

Einstiegsmöglichkeiten:
1. Auswertung der Tabelle S. 171 unten.
2. Durchnahme des vorbereiteten Textes, den die Schüler zu Stichworten komprimiert haben.
3. Denkanstoß durch die Bilder S. 178 – 179. Anschließend Bericht über den vorbereiteten und in
Stichworten verfügbaren Text und Diskussion dieses Textes.

Ergänzender Hinweis: Zum Salzgitterkonzern gehören nicht nur das Hüttenwerk und die Eisenerz-
gruben, sondern auch verarbeitende Betriebe, z.B. die Büssing-Werke in Braunschweig. Während
Krupp seinen verlustbringenden Lastwagenbau 1967 aufgab, sind im Zonenrandgebiet die politischen
Folgen zu bedenken, wenn wichtige Arbeitsplätze verloren gehen; politische, nicht wirtschaftliche
Gründe führen manchmal dazu, daß unrentable Betriebe erhalten bleiben.

178   Bild:
Walzwerk vor der Zeit der Industrialisierung. Geringe Mengen von Erz und Holzkohle werden mit

Pferdewagen herbeigeschafft. (Produktion eines Hochofens damals 5 t täglich.) Unter dem offenen Dach der Halle sind Arbeiter an den Walzen tätig.

179 Bild:
Hochofenwerk des großen Hüttenwerkes unmittelbar am Rheinhafen; rechts oben ein Stückchen des Stromes selbst. Der Hafen ist am Gleithang in die Rheinwiesen hineingegraben worden. Viele Schiffe im Hafen, die das Erz unmittelbar in die Bunker vor den Hochöfen entladen. Kohle und Kalk kommen mit der Eisenbahn. Viele Schienen führen von der dem Hafen entgegengesetzten Seite zu den Hochöfen. Ein Hochofen, der 2000 t Roheisen pro Tag produziert, braucht etwa 4000 t 50prozentiges Erz (oder 6000 t 33prozentiges), dazu 1500 t Koks und 250 t Kalk. Vor jedem Hochofen ist also auf engem Raum eine gewaltige Transportleistung zu bewältigen.
Zur Information: Hafenumschlag im Werkshafen 1966: 3,5 Mill. t, davon knapp 3 Mill. t Entladungen, fast ausschließlich Erz! Zum Vergleich: Umschlag von Lübeck 4,2 Mill. t, Kiel 1,1 Mill. t, Emden 9,9 Mill. t.

4. Die Automobilindustrie   180 – 182

Ziel:
Die Schüler sollen die Bedeutung der Kraftfahrzeugindustrie und des Kfz-Handwerks innerhalb der Volkswirtschaft und der Weltwirtschaft erfassen. Am Beispiel der Automobilindustrie sollen sie erfahren, wie sehr der Preis und damit auch der Absatz von der Größe der Serie abhängen, wie groß der Markt für eine solche Serienproduktion sein muß und wie sehr sich die lenkenden Maßnahmen des Staates auf den Absatz auswirken. Am Beispiel des Eingriffes des Staates in die Industrie der DDR sollen die Schüler die Wirksamkeit extremer Lenkungsmaßnahmen kennenlernen.
Die Standorte zeigen dem Schüler, daß hier kaum noch naturräumlich bedingte Faktoren wirksam sind, daß vielmehr organisatorische Maßnahmen des Menschen sich über die naturgegebene Gunst oder Ungunst hinwegzusetzen vermögen.

Vorbereitung: Alle Schüler bereiten den Text S. 180 – 182 vor. Schülergruppen bereiten einen Bericht über die Tabelle S. 171 vor, wobei sie sich auf den Fahrzeugbau beschränken (vgl. Lehrerheft S. 66), und einen Bericht über die Entwicklung einzelner Automobilwerke mit Hilfe der gängigen Lexika oder anhand von Literatur, die von den Werken erbeten wurde, sowie einen Bericht über stillgelegte Autofirmen und verschwundene Automarken, falls interessierte Schüler vorhanden sind. Eine weitere Schülergruppe wertet die Tabelle S. 181 aus.

Einstiegsmöglichkeiten:
1. Berichte der Schülergruppen über ihre Aufgaben.
2. Auswertung der Tabelle S. 181 nach Bericht der Schüler über die bearbeiteten Aufgaben, die unter der Tabelle stehen.
3. Besprechung des Buchtextes (die Schüler haben Stichworte notiert), anschließend Auswertung der Tabelle.

181 Tabelle:
1. 1938 stand das Deutsche Reich an dritter Stelle hinter den USA und Großbritannien. Seine Produktion betrug etwa 10 % der amerikanischen. 1966 stand die BRD in Europa weit an der Spitze. Die Stückzahl erreichte 30 % der amerikanischen Produktion. Die DDR stand 1966 noch weit zurück.
2. In Italien am stärksten (verachtfacht); in Großbritannien am geringsten (verdreifacht).
3. Großbritannien. Die BRD steht an dritter Stelle, ihre Produktion beträgt nur die Hälfte der britischen.
4. Japan ist von einem unbedeutenden zu einem der wichtigsten Produzenten auf der Erde aufgestiegen. Es führt vor allem im Lastwagenbau, in dem es die BRD 1966 um mehr als das Fünffache übertraf; 1953 hatte es weit hinter der BRD zurückgestanden.

5. Über 218 000 Stück für fast 2 Mrd. DM. Damit sind die Beneluxstaaten der zweitgrößte Abnehmer der BRD. Anmerkung: Die USA nehmen das Vierfache der Beneluxstaaten ab, erbringen aber nur den doppelten Wert. Erklärung? – Die USA importieren nur billige kleine Wagen.

6. Hierzu Diagramm S. 74 benutzen. Gesamtexport 1965 der BRD nach Schweden: 3750 Mill. DM; der Kfz-Export 1966: 657 Mill. DM, da sind ca. 18 % des Gesamtexportes. Gesamtexport nach Belgien-Luxemburg 1965: 5500 Mill. DM; Kfz-Export 1966: 1330 Mill. DM, das sind 24 %.

5. Die Textilindustrie 183 – 184

Ziel:

Die folgenden Kenntnisse und Einsichten sollen vermittelt werden: Die Textilindustrie ist in fast allen Ländern zeitlich der erste Industriezweig im Zuge der Industrialisierung – in den alten Industriestaaten genauso wie heute in den Entwicklungsländern. Die Standorte der meisten deutschen Textilindustrien sind nur historisch aus den Standorten des vorindustriellen Gewerbes zu erklären. Die Voraussetzungen für die Standorte des vorindustriellen Gewerbes gelten heute nicht mehr: Dennoch wurde das Vorhandensein vieler Fachkräfte zur Grundlage für die Industrialisierung großer Bezirke. Dazu kommt als neue Standortgunst die Nähe der Absatzgebiete.

Die Schüler sollen abschließend die deutsche Textilindustrie als schrumpfenden Wirtschaftszweig erkennen, der als einziger dem harten Wettbewerb mit den sich industrialisierenden Entwicklungsländern ausgesetzt ist. Schließlich sollen sie einsehen, wie überkommene Besitzstrukturen wirken können. Hier sollte der Gegensatz zwischen der Besitzstruktur der großen Konzerne der Eisen- und Stahlindustrie, der großen chemischen Werke und der Automobilindustrie auf der einen Seite und den meisten Textilfabriken auf der anderen Seite erkannt werden.

Vorbereitung: Alle Schüler bereiten den Text S. 183 – 184 vor, Schülergruppen lösen die Aufgaben zu den Tabellen S. 183 und S. 184.

Einstiegsmöglichkeiten:

1. Berichte der Schülergruppen über ihre Arbeit an den Tabellen.
2. Besprechung des vorbereiteten Textes.
3. Schülerbericht über einen aktuellen Pressebericht über die Textilindustrie.
4. Besuch eines nahegelegenen Textilbetriebes oder Bericht über diesen Betrieb.
5. Bericht eines Schülers über die Herkunft der Rohstoffe, etwa nach Bd. 5, S. 137, nach einem Lexikonartikel oder nach dem Statistischen Jahrbuch.

183   Tabelle:

Gesamteinfuhr der BRD
1950   11 374 Mill. DM
1966   72 670 Mill. DM

Aufgaben:

1. Der Wert der Importe von Naturfasern ist insgesamt gesunken, der Import von synthetischen Fasern hat sich dagegen versechsfacht. 1966 werden weit größere Devisenbeträge für den Import von Gespinsten, Gewirken und Geweben, d.h. von Halb- und Fertigwaren, ausgegeben als 1950.
2. Der Import von Wollgeweben und -gewirken hat sich mehr als versechsfacht; der Import von Wolle ist nur minimal gestiegen. Die deutsche Textilindustrie hat mit der Konkurrenz der importierten Fertigwaren zu kämpfen; der Wert der Halb- und Fertigwarenimporte aus Wolle ist mehr als doppelt so groß wie der Import der Rohwolle.
3. Die Entwicklungsländer wünschen für ihre Textilindustrie den ungehinderten Zugang zum deutschen Markt. Mit dem Export von Rohstoffen allein können sie die nötigen Devisen nicht verdienen.

184   Tabelle:

1. a) 158 000, also ca. 24 % der Zahl von 1950; b) 186 000, also 33 % der Zahl von 1950.
c) Der Stagnation des Imports von Textilrohstoffen steht eine gewaltige Erhöhung der Importe von Halb- und Fertigwaren gegenüber. Die Verarbeitung erfolgt also im Ausland durch dort lebende

Textilarbeiter. d) Neben der Rationalisierung (mit weniger Menschen wird mehr produziert) wirken sich vor allem die hohen Importe von Halb- und Fertigwaren aus, die billiger sind als deutsche Fabrikate.

2. Die Entwicklung läuft parallel. Beide Industriezweige schrumpfen gemessen an der Zahl der Beschäftigten.

3. Die Zahl der Schneiderbetriebe ist bis 1963 auf 44 % des Standes von 1949 zurückgegangen; auch die Zahl der Putzmacherbetriebe ist um mehr als die Hälfte gesunken. Die Zahl der Beschäftigten ist im Schneiderhandwerk wie im Putzmacherhandwerk auf weniger als 30 % des Standes von 1949 gesunken.

6. Der Beitrag der Wirtschaftsbereiche zum Sozialprodukt   184 – 186

Ziel:

Wenn die Erdkunde in den Primen sich ernsthaft das Ziel setzt, den Schülern Kenntnisse und Einsichten über die Gesellschafts- und Wirtschaftsordnung nicht nur in Deutschland, sondern in den verschiedensten Teilen der Erde zu vermitteln, so kann man auf den Begriff des Sozialprodukts und der Wertschöpfung der Volkswirtschaft nicht verzichten. Natürlich können die notwendigen volkswirtschaftlichen Begriffe nicht in aller Akribie eingeführt werden. Künftige Volkswirte werden sie während ihres Studiums genauer kennenlernen. Hier gilt es, gerade denen, die sich in Zukunft anderen Berufen zuwenden werden, eine Hilfe zu geben, die wirtschaftlichen und die wirtschaftspolitischen Aufsätze der Zeitungen und Zeitschriften zu verstehen. Es geht also darum, den Begriff des Sozialprodukts und den Beitrag der verschiedenen Wirtschaftsabteilungen, einzelner Wirtschaftsgruppen und ausgewählter Wirtschaftszweige zu diesem Sozialprodukt in einfachster Form zu veranschaulichen. Diese Begriffe sind schon früher benutzt worden (z.B. S. 68, 123, 133, 154 dieses Bandes). Die Schüler sollten die folgenden Begriffe – wenn auch nicht in voller Schärfe, so doch in ausreichender Klarheit – erfassen: Bruttosozialprodukt – Nettosozialprodukt zu Marktpreisen – Nettosozialprodukt zu Faktorkosten = Volkseinkommen = Wertschöpfung der Volkswirtschaft. Mit Hilfe dieser Begriffe sollten sie den Beitrag der einzelnen Wirtschaftsbereiche zur Wertschöpfung der Volkswirtschaft vergleichen.

Die Schüler sollen am Ende erfaßt haben, daß der Beitrag der einzelnen Wirtschaftszweige zum Sozialprodukt keinesfalls der Anzahl der Beschäftigten oder dem Umsatz entspricht.

Vorbereitung: Alle Schüler bereiten den Text vor und notieren Begriffe, die bei der Lektüre nicht klar geworden sind und der Klärung im Unterricht bedürfen. Schülergruppen bearbeiten die Aufgaben zum Diagramm S. 185.

Einstiegsmöglichkeiten:

1. Besprechung des Textes.

2. Berichte der Schülergruppen über das Diagramm S. 185.

185   Diagramm:

Das Stabdiagramm zeigt auf den ersten Blick, daß der sekundäre Bereich gut die Hälfte der Wertschöpfung der Volkswirtschaft erbringt.

Aufgaben (vgl. Tabelle S. 166):

1. In der Land- und Forstwirtschaft und in der Fischerei sind zusammen 10 % der Erwerbstätigen beschäftigt, sie tragen aber nur 5 % zur Wertschöpfung bei. Auf den einzelnen entfällt also durchschnittlich nur die Hälfte dessen, was in den anderen Bereichen im Durchschnitt auf den einzelnen Erwerbstätigen entfällt.

2. Handel und Verkehr tragen 18 % zum Sozialprodukt bei, also 3 1/2 mal so viel wie der primäre Sektor.

3. Die Land- und Forstwirtschaft sowie die Fischerei tragen nur 5 % zum Sozialprodukt bei, der Bergbau und die Energiewirtschaft 3,6 %. Ihr Beitrag entspricht nicht dem großen Interesse, das sie in der öffentlichen Diskussion finden.

Ziel:

Die Landwirtschaft ist mit Absicht nicht an den Anfang der Besprechung ausgewählter Wirtschaftszweige gestellt worden: Sie ist mit nur noch 10 % (vgl. Tabelle S. 166) der Erwerbstätigen und mit einem etwa fünfprozentigen Anteil an der Wertschöpfung der Volkswirtschaft (vgl. Diagramm S. 185) nicht mehr der wichtigste Wirtschaftsbereich in der BRD. Dasselbe gilt für alle hochindustrialisierten Staaten. Die Schüler sollen dies erfahren, aber gleichzeitig zur Kenntnis zu nehmen, daß die Zahl der Beschäftigten und des Produktionswertes allein nicht ausreichen, um die Bedeutung eines Wirtschaftszweiges innerhalb der Volkswirtschaft auszudrücken. Lebensnotwendige Produkte wie die Grundnahrungsmittel sind anders zu beurteilen als solche, auf die man in Notzeiten verzichten kann. Das gibt der Landwirtschaft ihre Sonderstellung in allen Diskussionen in der Öffentlichkeit.

Die Schüler müssen weiterhin von der längst überholten Formel loskommen, daß guter Boden und günstiges Klima Wohlstand für den Bauern bedeuten. Sie müssen erfahren, daß „Gunst" und „Ungunst" relative Begriffe sind und daß wirtschaftlich günstige Landschaften der BRD innerhalb der EWG oder gar eines noch größeren Marktes ihren Vorzug einbüßen. Sie müssen einsehen, daß der Wohlstand der Bauern heute weit mehr von den Maßnahmen des Staates abhängt als von der Güte des Bodens und des Klimas.

Niemand kann sich ein Urteil über die Situation der Landwirtschaft bilden, der nicht die Produktionsergebnisse, die Preise und die wirtschaftspolitischen Maßnahmen in anderen Staaten der Erde kennt, insbesondere in den EWG-Staaten.

Schließlich soll der Schüler einsehen, daß eine ungünstige Besitzstruktur schwerer ins Gewicht fällt als mangelhafter Boden und Klima und daß die Betriebsgrößen im Zuge der Mechanisierung wachsen müssen. Es soll einsichtig werden, daß deshalb der Erfolg einer jeden Flurbereinigung zweifelhaft ist, die nicht auf die optimalen Betriebsgrößen der Zukunft ausgerichtet ist.

186 – Erste Unterrichtseinheit:
190 Die Landwirtschaft im Rahmen der deutschen Volkswirtschaft, innerhalb der EWG und im weltweiten Wettbewerb

Ziel:

Die Schüler sollen eine Reihe von Grundfragen zur deutschen Landwirtschaft erfassen, die durch die folgenden Stichworte bezeichnet sind: Stellung der Landwirtschaft innerhalb der Volkswirtschaft (Zahl der Beschäftigten, Anteil am Sozialprodukt) – Sicherung der Ernährung als Forderung an die Landwirtschaft – Schutzmaßnahmen des Staates – der Wettbewerb innerhalb der Weltwirtschaft, insbesondere innerhalb der EWG – Produktionssteigerung und das Problem der Produktionsüberschüsse – die Lenkung der Produktion durch den Preis – das angestrebte Preisniveau innerhalb der EWG.

Vorbereitung: Alle Schüler bereiten den Text S. 186 – 190 vor und werten die Kartogramme S. 187 zusammen mit dem Text S. 194 – 197 aus. Aufgaben von Schülergruppen: a) Lösung der aufschließenden Aufgaben zur Tabelle S. 189. Die Schüler sollten angeregt werden, selbst weitere solcher Aufgaben zu stellen, z.B.: Welche Folgen hätte es in Frankreich, wenn der französische Milchpreis auf den deutschen angehoben würde. Wieviel mehr würden die französischen Bauern je kg Milch erlösen? Wozu würde das anreizen? Wo könnten die Überschüsse abgesetzt werden? Welche Verluste müßte dagegen die deutsche Landwirtschaft hinnehmen, wenn für sie der französische Preis gelten würde? b) Feststellung der durch Klima und Boden begünstigten Landschaften der BRD, z.B. nach Diercke 23 I, 22 I, 25 III. c) Bericht über die klimatischen Unterschiede innerhalb Deutschlands nach „Länder und Völker" Band 5, S. 2 – 4 und S. 119 – 120. d) Lösung der Aufgaben zu den Tabellen S. 188, 189 und 190.

Einstiegsmöglichkeiten;
1. Auswertung der Tabelle S. 190, falls der Begriff des Sozialprodukts entsprechend dem Gang dieses Buches unmittelbar vorher eingeführt worden ist.
Anschließend Besprechung des Textes S. 186 – 190 Mitte. Die Aufgaben der Schülergruppen werden an den entsprechenden Stellen in der Besprechung eingeschaltet. Die Schüler, die über Aufgaben berichten, sollen zu der gerade anstehenden Frage besser informiert sein als die übrige Klasse.
2. Berichte der Schülergruppen über ihre Aufgaben. Mit Hilfe des Textes werden die Aufgaben zu einer Gedankenfolge geordnet. Die Aufgabenlösungen dürfen keinesfalls unverbunden aufeinander folgen. Jede Aufgabe sollte in den Gedankengang eingeordnet sein.
3. Schülerberichte entsprechend b und c der Hausaufgabe. Anschließend Auswertung der Tabellen in der Reihenfolge Tabelle S. 190, 188, 189. Die Vorbereitung führt zu einer großen Beschleunigung bei der Arbeit mit den Tabellen. Auch bei dieser Arbeit sollte der Text den Leitfaden für den Gedankengang abgeben. Die Tabellen S. 188 und 189 sollen die Schüler zu der Einsicht führen, wie unterschiedlich in den verschiedenen Staaten das Verhältnis der Produktion zum Eigenbedarf ist, welche Länder infolgedessen die entsprechenden Güter exportieren, welche sie importieren müssen. Die Tabelle S. 189 führt zur Einsicht in das sehr unterschiedliche Preisgefüge in den einzelnen Staaten. Diese Feststellungen müssen zur Einsicht in die Schwierigkeiten eines wirtschaftlichen Zusammenschlusses führen.

188 Tabelle:
1. Frankreich. Es erwartet, daß die EWG-Partner erst einmal den französischen Weizen kaufen, dann erst solchen aus Drittländern.
2. Die Niederlande, Dänemark und Frankreich müssen tierische Veredelungsprodukte ausführen. Hauptabnehmer sind Großbritannien – mit geringer Eigenproduktion und hoher Konsumentenzahl – und die BRD mit ihrer hohen Verbraucherzahl.
3. Die Konsumentenzahl der Niederlande ist zweieinhalbmal so groß wie die Dänemarks. Für Dänemark ist der Butterexport weit wichtiger als für die Niederlande. Das gilt auch für den Export von Schweine- und Rindfleisch. Wenn die Dänen, gemessen am Eigenbedarf, 2 1/2 mal so viel exportieren wie die Niederländer, so wären die absoluten Exportmengen etwa gleich. Tatsächlich aber exportieren sie fünfmal so viel. Die von den Dänen exportierte Menge muß also etwa doppelt so groß sein wie die Exportmenge der Niederlande, z.B.:

Butterexport in Mill. t		
	1965	1967
Niederlande	35	56
Dänemark	116	104

Der Rückgang bei Dänemark und der Anstieg in den Niederlanden ist eine Folge der gemeinsamen Zollmauer um den EWG-Raum.
4. In den Niederlanden und in Dänemark;
5. Dänemark und Niederlande: Alle genannten Produkte außer Getreide.
Frankreich: Brotgetreide, Rind- und Kalbfleisch, Schweine, außerdem Geflügel (hier nicht genannt).

189 Tabelle:
1. Weizen: Italien und BRD; Gerste: BRD und Belgien. Preisdifferenz:

	Weizen	Gerste
BRD und Frankreich:	9,10 DM/dz;	16,77 DM/dz;
BRD und USA:	14,83 DM/dz;	24,11 DM/dz.

2. Weizen und Gerste sind am teuersten in der Schweiz. Gerste kostet dort 270 % des amerikanischen Preises, Weizen kostet dort 227 % des amerikanischen Preises.
3. Er würde in Übersee einkaufen. Die europäischen Bauern müßten den Getreideanbau einstellen. Das gilt an erster Stelle für die Schweiz.
4. Sie würden den Anbau verstärken, um zusätzlichen Verdienst zu erzielen; die Produktion wäre aber nicht abzusetzen.
5. Die Niederlande führen billiges Futtergetreide ein, während in der BRD das Getreide beim Übergang über die Grenze versteuert wird. Der gemeinsame Getreidepreis in der EWG belastet also die niederländische Landwirtschaft erheblich.

190   Tabelle:
1. Die Türkei ist noch ein Entwicklungsland mit einem hohen Anteil landwirtschaftlich Tätiger. Der Anteil der Landwirtschaft am Sozialprodukt ist mit 41 % sehr hoch, gemessen an der Zahl der Beschäftigten allerdings sehr gering. In allen anderen Ländern – außer in Belgien– ist der Anteil der Beschäftigten höher als ihr Beitrag zum Sozialprodukt, d.h. der einzelne im primären Bereich Tätige erbringt weniger als ein in anderen Wirtschaftsbereichen Beschäftigter. Der Gegensatz zwischen Italien und Frankreich auf der einen Seite und Großbritannien auf der anderen Seite zeigt den sehr unterschiedlichen Industrialisierungsgrad.
2. Die Landwirtschaft ist auf Veredelungswirtschaft eingestellt.
3. Man könnte in Frankreich eine mit Arbeitskräften übersetzte Landwirtschaft mit geringem Anteil von Veredelungswirtschaft erwarten. Doch zeigen die Produktionszahlen (vgl. Tabelle S. 188), daß dies ein vorschneller Schluß wäre. Die Zahlen allein genügen also nicht, um die Landwirtschaft zu charakterisieren.
4. In beiden Blöcken gibt es Länder sehr unterschiedlicher Struktur: sehr günstiges Verhältnis zwischen Beschäftigtenzahl und Sozialprodukt in Belgien, in den Niederlanden, in Dänemark und Großbritannien; ein sehr ungünstiges Verhältnis in Frankreich, in der BRD und der Schweiz.

190 – **Zweite Unterrichtseinheit:**
192   **Die Veredelungswirtschaft als wichtigste Einkommensquelle der Bauern**

Ziel:
Angestrebt wird die Einsicht in die Tatsache, daß die deutschen Bauern nur einen geringen Teil ihrer Einkünfte aus dem Verkauf pflanzlicher Produkte beziehen. Die wichtigste Einnahmequelle ist die Viehzucht. Ein großer Teil der pflanzlichen Erzeugnisse gelangt nicht unmittelbar auf den Markt, sondern über den Magen der Tiere.
Als weitere Einsicht läßt sich vermitteln: Der Anstieg in der Erzeugung hochwertiger und teurer Produkte der Viehwirtschaft ist nur dem wachsenden Wohlstand der nichtlandwirtschaftlichen Bevölkerung zu verdanken. Je mehr teure Lebensmittel der Konsument sich leisten kann, desto mehr kann der Bauer absetzen; die Aufnahmefähigkeit des Marktes bestimmt die Höhe der Produktion.

Vorbereitung: Alle Schüler bereiten den Text S. 190 – 192 vor und formulieren eigene Aufgaben zur Tabelle S. 191 unten (vgl. ebd.). Schülergruppen bearbeiten die Aufgaben zur Tabelle S. 191 oben.

Einstiegsmöglichkeiten:
1. Besprechung des vorbereiteten Textes (Stichworte). Die vorbereiteten Aufgaben der Schüler werden an den entsprechenden Stellen als Belege eingeschaltet.
2. Analyse der Tabellen. Die Folge der Aufgaben darf nicht wie eine Folge mathematischer Übungsaufgaben gelöst werden, sondern die Aufgaben müssen sich in den gedanklichen Leitfaden einfügen. Als Ergebnis muß am Ende des Unterrichtsgesprächs die folgende Einsicht stehen: Nur Frankreich hat unter den genannten europäischen Ländern einen Getreideüberschuß. Die USA drängen mit gewaltigen Mengen auf den europäischen Markt. Die Niederlande müssen über ein Drittel ihrer Butterproduktion, zwei Fünftel der Schweinefleischerzeugung und weit mehr als die Hälfte der Käseproduktion exportieren. Dänemark muß sogar zwei Drittel seiner Buttererzeugung, zwei Drittel seiner Fleischproduktion und etwa zwei Fünftel der erzeugten Mengen an Eiern und Käse ausführen. Innerhalb der EWG ist die BRD der große Markt, den die EWG-Partner für sich reservieren möchten. Innerhalb der EFTA ist es Großbritannien. Durch den gemeinsamen Zoll der EWG-Länder wird für alle skandinavischen Länder, die Schweiz und Österreich der Zugang zum deutschen Markt sehr erschwert. – Die deutsche Landwirtschaft muß den Importdruck hinnehmen.

191   Tabelle:
oben   1. Die verkauften Mengen haben sich bei Milch auf das Doppelte, bei Eiern fast auf das Siebenfache,
links bei Rindern auf das Doppelte, bei Schweinen fast auf das Vierfache, bei Geflügel auf das Achtfache erhöht.

76

2. An den Erhöhungen der verkauften Mengen haben auch Dänemark und die Niederlande ihren Anteil: Sie konnten ihre Exporte in die BRD ständig erhöhen. Für die Niederlande wirkte sich jedoch die Zugehörigkeit zur EWG sehr günstig aus, während die Importe aus Dänemark seit 1965 zurückgingen.

Dänemark	1957	1965	1967	Niederlande	1957	1965	1967
Käse	34 770 t	34 960 t	34 411 t	Käse	40 036 t	54 150 t	57 322 t
Geflügel	6 668 t	12 138 t	2 962 t	Geflügel	24 301 t	97 428 t	119 136 t

3. Der Anstieg der verkauften Mengen ist ausschließlich dem Anstieg der Kaufkraft in den Städten zu verdanken.

191
oben
rechts

Tabelle:

Die Schüler sollen allmählich mit selbst gestellten Fragen an die Erschließung der Tabellen herangehen. Beispiele sind ihnen auf den vorangehenden Seiten in großer Zahl gegeben worden. Solche Fragen und die entsprechenden Antworten können beispielsweise sein:
1. Wie groß ist der Verkaufserlös für pflanzliche Erzeugnisse am gesamten Verkaufserlös? – 6 Mrd. DM von 27 Mrd. DM, das ist weit weniger als ein Viertel.
2. Vergleichen Sie die Erlöse aus dem Verkauf pflanzlicher Erzeugnisse mit dem Erlös aus dem Milchverkauf! – Aus dem Milchverkauf erlöst die Landwirtschaft etwa 25 % mehr als aus dem Verkauf pflanzlicher Produkte.
3. Wie groß ist der Erlös an Schlachtvieh am Gesamterlös? – Knapp 12 Mrd. DM von 27 Mrd. DM, das sind etwa 45 %.
4. Welche pflanzlichen Erzeugnisse kommen außer den genannten noch auf den Markt? – Kartoffeln (Speise- und Pflanzkartoffeln), Zuckerrüben, kleine Mengen von Raps und anderen ölliefernden Pflanzen.
5. Weshalb legen die Bauern trotz allem so großen Wert auf die pflanzliche Produktion? – Der größte Teil der pflanzlichen Produktion wird an das Vieh verfüttert. Der Bauer verkauft seine Ernte an pflanzlichen Produkten nicht direkt, sondern über den Magen der Nutztiere. Das nennt man Veredlungswirtschaft. In den USA z.B. ist Mais Futter für Schweine und Mastrinder; der Maisgürtel ist zugleich der Schweinegürtel. Ganz allgemein fürchten die Bauern, daß die einträgliche Veredlungswirtschaft durch den Wettbewerb von Unternehmern geschmälert wird, die keinerlei Ackerbau treiben, sondern nur mit Hilfe von Futtermitteln, die im In- und Ausland gekauft werden, ihre Tiere füttern, z.B. große Hühnerfarmen.

191
unten
links

Tabelle:

Beispiele für mögliche Fragen:
1. Vergleichen Sie die Hektarerträge bei Weizen a) in den west- und nordeuropäischen Industriestaaten, b) in dem Entwicklungsland Türkei, c) in den USA und in der SU! d) Ziehen Sie die Tabelle der Preise S. 189 und die Tabelle der Erntemengen in der SU und in den USA (S. 52) heran, und geben Sie ein kurzes Urteil ab! – In der ersten Gruppe ist das Ergebnis etwa dreimal so hoch wie in dem Entwicklungsland Türkei und in der SU. Auch in den USA stehen die Hektarerträge gegenüber der ersten Ländergruppe weit zurück. – Der Vergleich der Erzeugerpreise in der BRD und in den USA zeigt, daß in den USA wohl pro Hektar weniger geerntet wird, daß die Produktionskosten aber wesentlich geringer sind. Die Tabelle S. 52 zeigt, daß die SU trotz geringer Hektarerträge 13mal so viel Weizen erntete wie die BRD (bei knapp vierfacher Konsumentenzahl). Weder die USA noch die SU brauchen ihre Äcker also so intensiv zu nutzen wie die westeuropäischen Industriestaaten. Auf dem Weltmarkt können die Amerikaner ihre Überproduktion weit billiger anbieten und bedrängen deshalb den westeuropäischen Weizenmarkt.
Zusätzliche Information zur Ergänzung des durch die Tabellen angeregten Gedankenganges: Die relativ geringen Erträge in der Türkei, in der SU und in den USA sind vor allem klimatisch bedingt: Die Vegetationsperiode ist wegen der langen Winter und der trockenen Sommer in diesen Ländern kurz. Die Weizenqualität ist dank der trockenen Sommer dafür sehr viel höher. Der amerikanische, russische und türkische Weizen wird auf dem Weltmarkt höher geschätzt als etwa der deutsche oder der französische. – In den USA wird die Erhöhung der Hektarerträge durch die Agrarpolitik der Regierung ungewollt gefördert. Stillegungsprämien für Weizenflächen, die der Überproduktion

entgegenwirken sollen, führen dazu, daß die Betriebe die Stillegungsprämie kassieren, dafür aber die verbleibende Anbaufläche intensiver nutzen.

2. An welcher Stelle steht die BRD unter den sechs angeführten west- und nordeuropäischen Industriestaaten bei der Erntemenge pro Hektar? – In beiden Jahresgruppen an dritter Stelle hinter Dänemark, den Niederlanden und Großbritannien.

3. Wie groß ist der Zuwachs der Erntemengen pro Hektar? – BRD 2,7 dz/ha, Frankreich 6,3 dz/ha, Niederlande 5,8 dz/ha, Dänemark 1,4 dz/ha, Großbritannien 7,3 dz/ha, Schweden 7,8 dz/ha. Die BRD wird also von den meisten Ländern weit übertroffen. Nur in Dänemark ist der Anstieg geringer, aber der Flächenertrag ist hier gegenüber der BRD sehr viel höher. Die Entwicklung entspricht also grundsätzlich der Entwicklung in den anderen sechs Ländern, sie wird von den anderen Ländern im Ergebnis aber übertroffen.

191
unten
rechts
Tabelle:

Die Tabelle zeigt, wie weit entwickelt die Veredlungswirtschaft in anderen Ländern im Vergleich zur BRD ist. Die Analyse offenbart einen ausgesprochenen Rückstand der BRD.

Vorschlag für erschließende Fragen, mit denen die Schüler an diese Tabelle herangehen können:

1. Vergleichen Sie die produzierten Mengen in der BRD und in Frankreich, berücksichtigen Sie das Verhältnis der Konsumentenzahlen (6 : 5)! – Frankreich produziert weit mehr als dreimal so viel Geflügelfleisch, gemessen an der Konsumentenzahl etwa doppelt so viel Rind- und Kalbfleisch, mehr Milch, dagegen weniger Butter. Die deutsche Veredlungswirtschaft steht hinter der französischen zurück.

2. Vergleichen Sie die Mengen an Geflügelfleisch in den genannten west- und nordeuropäischen Industriestaaten! – Gemessen an der Konsumentenzahl ist die Produktion der anderen Länder weit höher: In Dänemark ist die produzierte Menge absolut nur halb so groß, da die Konsumentenzahl in Dänemark aber nur 1/12 der deutschen beträgt, entfällt auf die einzelnen Dänen sechsmal so viel Geflügelfleisch. Großbritannien erzeugt 2 1/2 mal so viel, obgleich die Zahl der Konsumenten geringer ist. Nur Schweden steht zurück.

3. Vergleiche wie Aufg. 2 für die anderen Produkte! – Um die Produktionsmengen vergleichbar zu machen, seien hier die Einwohnerzahlen einiger Staaten genannt:

BRD etwa 60 Mill. Einw. Niederlande etwa 13 Mill. Einw.
Frankreich etwa 50 Mill. Einw. Dänemark etwa 5 Mill. Einw.
Großbritannien etwa 55 Mill. Einw. Schweden etwa 8 Mill. Einw.

192 –
193
Dritte Unterrichtseinheit:

Die Betriebsgrößen und die Zahl der in der Landwirtschaft Beschäftigten

Ziel:

Es wird die Einsicht angestrebt, daß die Betriebsgrößen in der BRD weit unter der optimalen Betriebsgröße liegen und daß die deutsche Landwirtschaft mit Arbeitskräften übersetzt ist. Die Maßnahmen zur Verbesserung der Betriebsstruktur, für die viele Milliarden DM ausgegeben worden sind, bemühen sich darum, die Besitzzersplitterung zu beseitigen, die fehlenden Wirtschaftswege zu schaffen, die Entfernung zwischen dem Hof und seinen Äckern zu vermindern, die Enge der Hofstellen zu beseitigen, die Äcker und Wiesen durch Bodenkultivierung zu verbessern. Der Kern der Schwierigkeit liegt aber in den zu geringen Betriebsgrößen; im Zuge der Technisierung der Landwirtschaft wächst die optimale Betriebsgröße, auf der mit einem Minimum menschlicher Arbeitskraft und bei möglichst rationellem Einsatz der Maschinen möglichst hohe Erträge erzielt werden. Es gelingt nicht, im gleichen Tempo die tatsächlichen Betriebsgrößen zu steigern.

Vorbereitung: Alle Schüler bereiten den Text S. 192 – 193 vor und notieren Stichworte. Einzelne Schüler oder Schülergruppen erhalten die folgenden Aufgaben: a) Bericht nach „Länder und Völker" Bd. 5, S. 121 – 123. Die Karten S. 196 u. 163 sollten mit herangezogen werden, ebenso die Abb. S. 200 und 201. b) Auswertung des Diagramms S. 192.

Die Aufgabe ist für die einzelnen Länder zu lösen! Die Arbeit sollte auf einzelne Schüler verteilt werden! c) Auswertung des Diagramms S. 193. Wiederholung der Ergebnisse bei der Auswertung des Diagramms S. 166 (Beschäftigte im primären Sektor 1950 und 1967).

Einstiegsmöglichkeiten:
1. Bericht über die Tabelle S. 166: Rückgang der Beschäftigtenzahl im primären Sektor, Berichte der einzelnen Schüler oder der Schülergruppen über ihre Auswertung der Diagramme S. 192 und 193. Der Text S. 192 – 193 soll dazu dienen, die Berichte in einen gedanklichen Zusammenhang zu bringen.
2. Besprechung des vorbereiteten Textes (Stichworte). Die Berichte über die Tabelle und die Diagramme werden als Belege für den Text eingeschaltet.

192 Diagramm:
1. Saarland, Baden-Württemberg, Rheinland-Pfalz, Hessen.
2. Die Frage muß für die einzelnen Bundesländer beantwortet werden. Für jedes Bundesland sollte ein Schüler diese Aufgabe lösen.

Zusammenstellung der Arbeit in einer Tabelle

	Zahl der Betriebe	
	kleiner als 20 ha	größer als 20 ha
Schleswig-Holstein	32 400 – 60 %	21 600 – 40 %
Niedersachsen	152 000 – 78 %	42 600 – 22 %
Nordrhein-Westfalen	150 000 – 85 %	26 500 – 15 %
Hessen	121 000 – 94 %	7 700 – 6 %
Rheinland-Pfalz	135 000 – 96 %	5 600 – 4 %
Saarland	20 000 – 95 %	1 000 – 5 %
Baden-Württemberg	278 500 – 96 %	11 600 – 4 %
Bayern	350 000 – 90 %	38 800 – 10 %

3. Hier wird die optimistische Annahme gemacht, daß alle Betriebe 2 ha Fläche hätten; da das nicht zutrifft, ist das Ergebnis viel zu günstig. Aber gerade dadurch ist es eindrucksvoll. a) Soll die Durchschnittsgröße 10 ha betragen, so müßte die Zahl der Betriebe auf 1/5 zusammenschrumpfen, d.h. von 55 600 auf 11 120. Soll die Durchschnittsgröße 20 ha betragen, so muß die Zahl der Betriebe auf 5 560 sinken. Wollte man entsprechend dem Mansholtplan (s.u.) die Betriebsgröße mit 80 ha festsetzen, so blieben gar nur 1 390 Betriebe übrig. b) Die Rechnung zu a) soll keine Prognosen stellen, sondern nur dazu dienen, die Schwierigkeiten aufzuzeigen. Die Einwände gegen diese Rechnung ergeben sich aus dem Text S. 194 – 197: Die Einwohnerzahl der Gemeinden würde so gering werden, daß alle heute üblichen Einrichtungen – Arzt, Apotheke, Einkaufsmöglichkeit, Tankstelle, Reparaturwerkstätte, Handwerker – wegen der dünnen Besiedlung den Betrieb einstellen müßten. Die Reduktion der landwirtschaftlich tätigen Bevölkerung muß deshalb von der Ansiedlung gewerblicher Betriebe begleitet sein, damit eine Mindestdichte gewährleistet bleibt.
4. Gebiete der Sonderkulturen, in denen der einzelne Betrieb mit einer geringen Fläche auskommt; Gemüse: Oberrheinlande, Reichenau, Regnitztal bei Bamberg, Vierlande; Tabak: Oberrheinlande; Spargel: Oberrheinlande bei Mainz, Schwetzingen, am Niederrhein, in der Mark Brandenburg, stets auf Sandboden; Pflaumen: Oberrheinlande bei Bühl; Kirschen: Kaiserstuhl, Schwarzwaldtäler, Umgebung von Berlin; Gurken: Spreewald. – Zusätzliche Information: Durchschnittsertrag 1964/65 je ha in DM: Roggen 503 DM, Hopfen 17 000 DM, Tabak 11 250 DM, Wein 11 000 DM. Gerade diese Betriebe haben aber mit einem starken Wettbewerb der EWG-Partner zu rechnen. Nach den Vorstellungen des Mansholtplanes sollen auch die Weinbaubetriebe stark vergrößert werden: Bei Massenweinbau soll die Fläche 30 – 60 ha betragen.

193 Diagramm:
Die Schüler sollten mit selbst gestellten Fragen daran gehen, dieses Diagramm zu erschließen. Vorschläge für solche Fragen: 1. Vergleichen Sie die Zahl der Beschäftigten je 100 ja landwirtschaftlicher Nutzfläche für Betriebe von 2 – 5 ha und für Betriebe von 20 – 50 ha für das Jahr 1966/67 und 1956/57! – 1966/67 32 : 10; 1956/57 40 : 12. 2. Was hat die Überbesetzung je 100 ha

landwirtschaftlichei Nutzflächc für den Verkaufserlös pro Kopf zur Folge? (Der Kapitaldienst soll dabei unberücksichtigt bleiben.) – Auf die Arbeitskraft der Betriebe 2 – 5 ha entfällt nur 1/4 der Verkaufserlöse von den Betrieben 20 – 50 ha, falls es sich nicht um Sonderkulturen handelt. Es kommt hinzu, daß in den Kleinbetrieben ein wesentlicher Teil der Erzeugnisse nicht auf den Markt kommt.

Zusätzliche Information: Der Mansholt-Plan
Der EWG-Kommissar für die Landwirtschaft, der Niederländer Mansholt, hält die folgenden Betriebs-größen für optimal und zukunftsträchtig: landwirtschaftliche Betriebe 80 – 120 ha; Milchbetriebe 40 – 60 Milchkühe pro Hof; Mastbetriebe 150 – 200 Rinder; Geflügelzucht mit dem Hauptziel Eier-produktion 10 000 Legehennen; Geflügelzucht mit dem Hauptziel Schlachtgeflügel 100 000 Schlacht-hühner.
Mansholt sagt voraus, daß nicht nur die Zahl der in der Landwirtschaft Beschäftigten sehr zurückge-hen muß, sondern daß in der EWG 5 Mill. ha landwirtschaftlicher Nutzfläche aufgegeben werden müssen, um der Überproduktion entgegenzuwirken. Zum Vergleich: landwirtschaftliche Nutzfläche der BRD: 14 Mill. ha.

193 – Vierte Unterrichtseinheit:
194 Der grüne Plan

Ziel:
Diese Unterrichtseinheit zielt auf die Einsicht in folgende Fakten und Fragenkomplexe: 1. Die Ein-künfte pro Beschäftigtem stehen in der Landwirtschaft weit hinter den Durchschnittseinkünften in den übrigen Wirtschaftsbereichen zurück. Der Grüne Plan hat das Ziel, diesen Rückstand zu mindern, möglichst ganz aufzuheben. Die Landwirtschaft soll zudem für den Wettbewerb innerhalb der EWG gestärkt und vorbereitet werden. 2. Die Schüler dürfen nicht nur die Beträge, die die Bundes-regierung aus Steuermitteln zugunsten der Landwirtschaft aufwendet, zur Kenntnis nehmen, sondern sie sollen sich kritisch mit der Problematik dieser Aufwendungen auseinandersetzen. Die folgenden Fragen müssen als leitende Gesichtspunkte herausgearbeitet werden: a) Welche Aufwendungen heben zur Zeit die Einkünfte der Bauern? b) Welche Aufwendungen sollen die Wirtschafts- und Sozial-struktur in der Landwirtschaft für die Zukunft so verändern, daß die Einkünfte der Bauern denen der in der Industrie Tätigen angenähert werden? c) Welche Aufwendungen haben die unbeabsichtig-te Wirkung, veraltete, in einem Industriestaat nicht mehr angemessene Ordnungen zu konservieren, so daß eine durchgreifende Neuordnung nicht gefördert, sondern hinausgezögert oder gar verhindert wird? d) Welche Vorteile gewährt die Bundesregierung der Landwirtschaft über den Grünen Plan hinaus? Wieweit fördern diese die Anpassung der Landwirtschaft an die Zukunft, wie weit kon-servieren sie überholte Ordnungen, wieweit verhindern sie sogar die notwendige Neuordnung?
Dieses Thema muß die Fragen aufgreifen, die in den vorangehenden Unterrichtseinheiten behandelt worden sind. Dieser Abschnitt baut auf den vorangehenden auf. Alle Diskussionsbeiträge der Schüler dürften stark von Gefühlen und Meinungen getragen sein. Um das Gespräch zu ver-sachlichen, wird deshalb empfohlen, einzelne Schüler oder Schülergruppen als Fürsprecher einer Interessentengruppe auftreten zu lassen. Der Versachlichung dient es, wenn der ausgesprochene Städ-ter veranlaßt wird, als Anwalt der Bauern alle Argumente zusammenzutragen, die von der Landwirt-schaft in die Diskussion gebracht werden, und umgekehrt der Bauernsohn gezwungen wird, als Anwalt des Konsumenten, des Städters, aufzutreten.

Vorbereitung: Alle Schüler bereiten den Text S. 193 – 194 vor, werten die Tabelle S. 194 aus und wiederholen den Text S. 186 – 193. Einzelne Schüler oder Schülergruppen sammeln Argumente, die von den verschiedenen Interessentengruppen in die öffentliche Diskussion gebracht werden, und vertreten den jeweiligen Standpunkt der Kleinbauern, der milchwirtschaftlichen Betriebe, der Mastviehbetriebe, der bäuerlichen Geflügelzüchter, der Konsumenten, die möglichst die beste Qualität zu niedrigsten Preisen kaufen möchten, der Getreideimporteure, der Obst- und Gemüsebauern, der Winzer, der Weinimporteure, der Steuerzahler, der exportierenden Industrie, der daran liegt, den Import von Agrarprodukten aus den Ländern, in die viel Industriewaren exportiert werden, nicht zu drosseln. Diese vielen Gesichtspunkte sollen durchaus nicht alle ihren Anwalt finden. Es genügt sicher, wenn einige solcher Anwälte besonders vorbereitet sind. Die Aufzählung kann als kleiner Katalog von Fragen dienen, die in der Diskussion aufgeworfen werden können.

Einstiegsmöglichkeiten:
1. Besprechung des Textes (Stichworte); dabei werden die vorangehenden Abschnitte neu aufgegriffen. Die Tabelle S. 194 wird im Laufe der Besprechung als Beleg verwendet.
2. Die Analyse der Tabelle S. 194. Der Text gibt nur den Leitfaden für diese Analyse.
Beide Wege sollten zu einer Diskussion führen, wie sie oben vorgeschlagen worden ist.
3. Verlesen eines aktuellen Zeitungs- oder Zeitschriftenberichts mit anschließender Diskussion.
Der Text des Buches und die Tabelle dienen als sachliche Unterlagen.
4. Die Sprecher der Interessentengruppen treten mit ihren Darstellungen, die in Forderungen münden, gleich zu Beginn der Stunde auf.

194   Tabelle:
Der Weg zur Auswertung gerade dieser Tabelle wird je nach Unterrichtsstil des Lehrers und Temperament der Klasse sehr verschieden ausfallen. 1. Man kann ganz kühl und nüchtern feststellen, welche der Ausgaben vornehmlich dazu dienen, a) die Einkünfte der Landwirte im Augenblick anzuheben; b) die Arbeit des Bauern auf lange Sicht durch Strukturverbesserung produktiver zu machen. c) Welche zusätzlichen Wirkungen können die Maßnahmen zu a) und b) haben, die über das zuerst erkennbare Ziel hinausführen? 2. Man kann sofort wertend an die Tabelle herangehen. Jeder „Anwalt" äußert seine Kritik.
Hier können unmöglich alle Möglichkeiten genannt werden. Der Grüne Bericht der Bundesregierung sollte für die Arbeitsbücherei angeschafft werden. Er bietet vielerlei Gesichtspunkte. Hier seien einige Hinweise gegeben, die nicht klar auf der Hand liegen: 1. Aufwendungen aus Steuermitteln für Alters- und Unfallhilfe: Die Bauern haben sich bisher meist nicht wie die Arbeitnehmer in der Sozialversicherung gegen Unfall und für die Altersversorgung versichert. Sie waren der Auffassung, daß der Betrieb diese Lasten tragen könne und müsse. Die Folge ist, daß die Bauern heute ihren Betrieb erst sehr spät an den Erben übergeben, um möglichst lange der Herr zu bleiben und über die einkommenden Mittel selbst zu verfügen. Das führt nicht nur zu Spannungen zwischen den Generationen, zu sehr späten Eheschließungen der Hoferben, zur starken Erschwerung für einen Hoferben, überhaupt einen Ehepartner zu finden, schließlich nicht nur zur statistischen Überalterung der bäuerlichen Bevölkerung, sondern auch zur geistigen Stagnation, weil der Junge, Bewegliche, zu Neuerungen Bereite erst zur Entscheidungsmöglichkeit kommt, wenn er selbst bereits alt geworden ist. Die Aufwendungen für die Altersversorgung des Bauern sollen ihn anregen, seinen Hof nicht zu spät abzugeben. Die Allgemeinheit trägt also Lasten, für die die meisten Arbeitnehmer ihr Leben lang Versicherungsbeiträge gezahlt haben. Dieses Versäumnis der bäuerlichen Bevölkerung ist auf andere Weise aber nicht auszugleichen. Diese Aufwendungen dienen also auch einer Verbesserung der Besitzstruktur, also der Zukunft. – 2. Vor wenigen Jahren war es weitgehend üblich, die Maßnahmen zu 2 und 3 der Tabelle (Verbesserung der Agrarstruktur und Modernisierung der betrieblichen Ausstattung) ohne wesentliche Kritik positiv zu beurteilen. Jetzt muß die kritische Frage gestellt werden, ob diese Maßnahmen tatsächlich auf die Zukunft, d.h. auf die optimalen Betriebsgrößen der Zukunft ausgerichtet sind, oder auf Betriebsgrößen, die in der Vergangenheit optimal waren. Der Grüne Plan stammt aus dem Jahr 1956 und ist in den vorangehenden Jahren konzipiert worden. Jetzt stellt sich die Frage, ob diese Maßnahmen nicht letzten Endes überholte Besitzstrukturen konservieren und eine auf die Zukunft ausgerichtete Umwandlung erschweren. Solchen kritischen Fragen darf nicht ausgewichen werden.

194 –
197   **Fünfte Unterrichtseinheit:**
    Veränderung der gesamten Wirtschafts- und Sozialstruktur auf dem Lande

Ziel:
Diese Unterrichtseinheit zielt auf die Einsicht, daß in sehr vielen Dörfern die in der Landwirtschaft Tätigen nicht mehr die tragende soziale Schicht darstellen, daß sich vielmehr in einzelnen Landschaf-

ten – hier dargestellt am Beispiel Württembergs – neue Formen von Gemeindetypen herausgebildet haben. Das Erfassen dieser Tatsachen muß zu der Einsicht führen, daß der Strukturwandel unserer Dörfer in vielen Gebieten nicht sich selbst überlassen bleiben darf, sondern planmäßig in seiner Vielschichtigkeit durchdacht und gelenkt werden muß. Der Vergleich mit entvölkerten französischen, schottischen und walisischen Landschaften soll die Gefahren aufzeigen, denen im Zuge dieses Wandels entgegengewirkt werden muß: Ganz knapp zusammengefaßt geht es darum, daß Landschaften, in denen die bäuerliche Bevölkerung infolge der notwendigen Vergrößerung der Betriebsflächen auf einen Bruchteil der heutigen Zahl zusammenschrumpfen muß, eine Entvölkerung droht, die ihrerseits eine uns allen selbstverständliche Versorgung der Menschen ausschließt. (Ärzte, Schulen, Apotheken, Geschäfte, Reparaturwerkstätten, Tankstellen, Bäckereien, Fleischereien, Frisöre, Kinos, häufig verkehrende Buslinien bedürfen einer recht hohen Bevölkerungsdichte.)

Vorbereitung: Alle Schüler bereiten den Text S. 194 – 197 vor und werten die Karten S. 196 aus. Schülergruppen berichten über die Struktur in der engeren Umgebung des Schulortes. Es sollte möglichst die Hilfe der Kreisverwaltung in Anspruch genommen werden. Auf der Karte, aus der auf S. 187 zwei Ausschnitte gebracht werden, können Ausschnitte aus anderen Landschaften betrachtet werden. Es empfiehlt sich, solche Ausschnitte als Dias in die Arbeitsbücherei aufzunehmen.

Einstiegsmöglichkeiten:
1. Gemeinsame Besprechung des Textes S. 194 – 197.
Klärung der Gemeindetypen, die am Beispiel Württembergs erarbeitet worden sind. Übergang zu den beiden Kartenausschnitten S. 187 und Klärung der dort verwendeten Gemeindetypen.
Hier sollten die Begriffe von S. 165 und die Kurven zur sozialwirtschaftlichen Entwicklung nach Fourastié wiederholt und verwendet werden.
2. Beginn mit der Betrachtung der Kartenausschnitte S. 187. Der Text gibt den Leitfaden und führt zur Betrachtung anderer Landschaften.
3. Möglich ist auch ein deduktiver Einstieg , ausgehend von den Vorstellungen Mansholts über die künftigen optimalen Betriebsgrößen, z.B.: In einer Gruppe benachbarter Dörfer wohnen 1000 Bauern (mit Familienangehörigen 4000 Menschen) mit einer durchschnittlichen Betriebsfläche von 8 ha. Wenn die Betriebsgröße nach Mansholt auf 80 ha angehoben werden soll, muß die Zahl der Betriebe und damit die Zahl der selbständigen Bauern von 1000 auf 100 reduziert werden. Was folgt daraus für die vielen Berufe, die der Versorgung dieser Dörfer dienen (Arzt, Krankenhaus, Lehrer usw.)? Von diesem konstruierten Beispiel kann übergegangen werden zu der bereits in vollem Gang befindlichen Entwicklung im Neckarland. Vergleich der Kartenausschnitte des Neckarlandes und des Küstengebietes zwischen Hamburg und Aurich.

Literaturhinweis: Dem ,,Bericht über die Verbesserung der Agrarstruktur in der Bundesrepublik Deutschland 1964 – 1965'', herausgegeben vom Bundesminister für Ernährung, Landwirtschaft und Forsten, sind zwei Karten ,,Die Gemeinden der BRD nach der sozialökonomischen Struktur und Funktion'' im Maßstab 1 : 1 000 000 beigegeben. Die Kartenausschnitte auf S. 187 sind dieser Publikation entnommen. Die vollständige Karte kann im Unterricht ausgezeichnete Dienste tun, indem für den Schulort interessante Ausschnitte herausgenommen werden.

197 – **Sechste Unterrichtseinheit:**
200 **Die Landwirtschaft in der DDR**

Ziel:
Diese Unterrichtseinheit zielt auf die Einsicht in die völlig andere Ordnung der Landwirtschaft in der DDR unter Vermittlung von Kenntnissen über die jenseits der Zonengrenze angewendeten agrarpolitischen Maßnahmen und die an den Produktionsleistungen ablesbaren Erfolge dieser Methode. Es sollten nicht nur Vergleiche mit dem Westen, sondern auch mit dem übrigen Osten vorgenommen werden.

82

Vorbereitung: Alle Schüler bereiten den Text S. 197 – 200 vor. Schülergruppen lösen die Aufgaben zu den Tabellen.

Einstiegsmöglichkeiten:
1. Besprechung des Textes, der in häuslicher Arbeit vorher zur Kenntnis genommen wurde. Nach oder während der Besprechung des Textes Analyse der Tabelle S. 199, die von Schülergruppen bearbeitet wurde. Es wird empfohlen, hier die Tabelle zur Bestätigung und Erweiterung des Textes zu verwenden.
2. Selbstverständlich kann man aber auch von der Analyse der Tabellen ausgehen.

198 Tabellen:
1. Tabelle 1: Sie soll zeigen, daß die Nutzfläche in den LPG weit über der höchsten Größenklasse in der BRD liegt. Aber selbst in Betrieben mit über 2000 ha Größe ist die Zahl der Beschäftigten je ha landwirtschaftlicher Nutzfläche doppelt so hoch wie in der BRD in Betrieben über 50 ha Nutzfläche. Fragen, die diesem Ziel dienen, können sein: Vergleichen Sie die Zahl der Beschäftigten je 100 ha landwirtschaftlicher Nutzfläche in der DDR und in der BRD (Diagramm S. 193) a) in Betrieben der DDR zwischen 200 und 500 ha und Betrieben der BRD zwischen 20 und 50 ha; b) in Betrieben zwischen 1000 und 2000 ha in der DDR und 10 – 20 ha in der BRD! – a) Das Verhältnis ist 17 : 10, obgleich die Flächen sich wie 10 : 1 verhalten. b) Die Zahl der Beschäftigten je 100 ha landwirtschaftlicher Nutzfläche ist etwa gleich, obwohl die Betriebsgrößen sich wie 100 : 1 verhalten.
2. Tabelle 2: Die Tabelle soll die Übersetzung der Landwirtschaft der DDR mit Arbeitskräften durch den Mangel an Maschinen erklären. Aufschließende Aufgaben, die diesem Ziel dienen, können sein: a) Vergleichen Sie für das Jahr 1966 die Zahl der Traktoren in den LPG und VEG zusammen mit der Zahl der Traktoren in der BRD. Beachten Sie das Verhältnis der Ackerflächen! – Die Zahl der Traktoren ist 1966 in der BRD fast zehnmal so groß (Verhältnis 1 : 10), die Ackerflächen verhalten sich dagegen etwa wie 7 : 12. – b) Die gleiche Aufgabe für Mähdrescher. – Die Zahl der Mähdrescher ist in der BRD 7 1/2 mal so hoch! c) Wie ist die Entwicklungstendenz in der DDR? – Die Zahlen steigen, aber sehr langsam, so daß sie noch lange nicht an die Ausstattung in der BRD herankommen werden.
Ergebnis: Mit wachsendem Maschineneinsatz wird auch in der DDR in Zukunft das Produktionsergebnis pro Arbeitskraft steigen. Bisher ist die gewünschte Steigerung der Produktion pro Arbeitskraft aber längst noch nicht so hoch wie in der BRD und in den anderen westlichen Industriestaaten.
3. Tabelle 3: Sie zeigt, daß auch in der DDR die Produktion landwirtschaftlicher Veredlungsprodukte steigt und dem Konsumenten von Jahr zu Jahr mehr dieser wertvollen Nahrungsmittel zur Verfügung stehen. Man sollte sich mit dieser Feststellung begnügen. Auf Vergleiche mit der BRD sollte man verzichten; denn für die Konsumenten in der BRD kommen zu der Eigenproduktion der deutschen Landwirtschaft große Mengen von Importen hinzu.
Korrektur der Tabelle S. 198 unten: In dieser Tabelle müssen die Zahlen bei Milch und Eiern lauten:

	Milch	Eier
1955	3 300	1 030
1966	6 040	2 870

199 Tabellen:
Ernteerträge in der DDR:
1. Die Weizenerträge pro ha sind in der DDR niedriger als in der BRD. Die Milchleistung je Kuh liegt in der BRD etwa um 23 % höher als in der DDR.
2. Wenig, denn sie macht nur Angaben über die Grundnahrungsmittel, diese sagen nur etwas über die Versorgung mit lebensnotwendigen Nahrungsmitteln aus. In der BRD entscheiden zudem die Importe in hohem Maße über den Lebensstandard der Konsumenten.
3. Der Vergleich mit Indien zeigt, daß sowohl die BRD als auch die DDR gegenüber diesem Entwicklungsland einen gewaltigen Vorsprung haben. 20 indische Kühe geben zusammen durchschnittlich so viel Milch wie eine Kuh in der DDR.
Korrektur: Anmerkung E = Erfassungspreis, nicht Erzeugerpreis.

Preise: Auch in der DDR wird die landwirtschaftliche Produktion vom Staat über den Preis gelenkt. Zum Erfassungspreis E müssen die LPG vorgeschriebene Mengen abliefern. Um sie anzureizen, von den Produkten, die Mangelware sind, mehr zu erzeugen, wird ihnen für diese Mehrproduktion der höhere Aufkaufpreis gezahlt. Durch diese erhöhte Zahlung wurde der Schwarzmarkt uninteressant. 1955 war beispielsweise der Aufkaufpreis doppelt so hoch wie der Erfassungspreis, 1966 dagegen sind diese Preisunterschiede für Weizen aufgegeben worden und die LPG und die anderen landwirtschaftlichen Betriebe erhalten einen einheitlichen Erzeugerpreis, der zwischen den früheren Preisen liegt. Auch dieser höhere Preis bedeutet selbstverständlich einen Anreiz zur Produktionssteigerung. Dieser Preis ist allerdings wesentlich niedriger als der Preis in der BRD, selbst wenn man den Kaufkraftunterschied der beiden Währungen vernachlässigt.

Bei Schweinen, Eiern und Milch sind die Erfassungspreise und die Aufkaufpreise auch 1966 noch sehr verschieden.

1. Erzeuger- und Aufkaufpreise nähern sich im Laufe der Jahre immer mehr. 1966 fällt der Unterschied für Raps, Weizen und Zuckerrüben fort, desgleichen für Enten. Für Milch und Schweinefleisch ist der Aufkaufpreis mehr als doppelt so hoch wie der Erfassungspreis, für Eier ist er 70 % höher.

2.

Weizen	1963	10 dz zum Erfassungspreis	225 DM
		10 dz zum Aufkaufpreis	495 DM
		zusammen	720 DM
	1966	20 dz zum Erzeugerpreis	700 DM
Raps	1963	10 dz zum Erfassungspreis	800 DM
		10 dz zum Aufkaufpreis	1200 DM
		zusammen	2000 DM
	1966	20 dz zum Erzeugerpreis	2080 DM
Zuckerrüben	1963	10 dz zum Erfassungspreis	61 DM
		10 dz zum Aufkaufpreis	90 DM
		zusammen	151 DM
	1966	20 dz zum Erzeugerpreis	160 DM

Diese Rechnung geht von der Annahme aus, daß der Landwirt 1963 gleich viel zum Preis A und Preis E verkaufen konnte. Auf jeden Fall lohnte es für ihn sehr, von dem Produkt viel zu erzeugen, das hohe Aufkaufpreise einbrachte. Auf diese Weise lenkt der Staat auch in der DDR die Produktion über den Preis.

3. Der Unterschied zwischen E und A wird fallengelassen, wenn die Produktion den Bedarf deckt und Produktionsanregungen nicht mehr nötig sind.

Deutschland als Handelspartner der Welt   201 – 205

Ziel:

Die Schüler sollen die überragende Stellung der BRD im Welthandel erfassen. Dies ist nur durch den Vergleich mit anderen Ländern und Ländergruppen zu erreichen. Es muß auch klar werden, daß überragende Stellung gleichzeitig Abhängigkeit vom Weltmarkt bedeutet. Insbesondere sollen die Schüler folgendes erkennen: a) Die BRD importiert mehr, als Afrika, auch einschließlich des hochindustrialisierten Südafrika, oder Asien (ohne das hochindustrialisierte Japan) oder Iberoamerika insgesamt auf den Weltmarkt bringen. b) Die Haupthandelspartner der BRD sind nicht die Entwicklungsländer, sondern die hochindustrialisierten Länder, sie nehmen über 70 % unserer Exporte auf. c) Dennoch kauft die BRD den Entwicklungsländern mehr als doppelt so viel ab wie alle Ostblockstaaten zusammen. d) Innerhalb der EWG sind die Interessen der BRD denen Frankreichs diametral entgegengesetzt. Die BRD muß aus wirtschaftspolitischen Gründen für einen möglichst freien Handel und niedrige Zollmauern gegenüber den „Drittländern" eintreten, Frankreich ist dagegen infolge seiner Handelsstruktur für eine abgeschlossene EWG.

Vorbereitung: Alle Schüler bereiten den Text S. 201 – 205 vor. Schülergruppen lösen die Aufgaben zu den Tabellen S. 202 und S. 203, vergleichen die BRD und Frankreich nach dem Kreisdiagramm S. 74, vergleichen die BRD und Schweden einerseits und Frankreich und Schweden andererseits nach dem Kreisdiagramm S. 74 (unter Außenhandel wird dort Ausfuhr verstanden!), analysieren den Handel der BRD mit den EWG- und EFTA-Ländern und seine Entwicklung seit 1958 nach der Tabelle S. 77.

Einstiegsmöglichkeiten:
1. Berichte der Gruppen über die Arbeit mit Tabellen und Diagramm.
2. Bericht über den Text. (Warnung: Es ist sehr schwer, den mit Zahlen durchsetzten Text als Ausgangsbasis zu verwenden. Es empfiehlt sich, die Tabellen und die Diagramme als Einstieg zu wählen. Der Text sollte nur den Gedankengang des Unterrichtsgespräches lenken und zum Schluß die Zusammenfassung des Erarbeiteten bieten.)
3. Bericht über einen Presse- oder Zeitschriftenaufsatz. (Die Schüler sollten wirtschaftspolitische Artikel aus der Presse zu diesen Fragen sammeln. Dadurch wird der Unterricht aktualisiert.)

202   Tabellen:
Die Zahlenangaben der Außenhandelsstatistiken differieren je nach der Quelle. Für unsere Betrachtungen sind die Differenzen unwesentlich.
Ziel der Tabelle: a) Es soll klar werden, welches die wichtigsten Handelspartner der BRD sind und was der Handel dieser Partner mit der BRD für diese Partner bedeutet. b) Die außerordentliche Bedeutung der BRD und der westlichen Wirtschaftsblöcke für den Export der Entwicklungsländer soll von den Schülern erfaßt werden.

Aufschließende Fragen zur Tabelle links oben:
1. Wie groß ist der Import der BRD aus den hochindustrialisierten OECD-Ländern im Vergleich zum Import aus den übrigen Ländern (Entwicklungsländer, Ostblockländer, Südafrika, Australien und Neuseeland)? – Aus den OECD-Ländern (vgl. Text S. 201) 5/7, etwa 70 %, aus den übrigen Ländern 2/7, etwa 30 %. Die hochindustrialisierten Staaten sind also die Hauptlieferanten.
2. Vergleichen Sie den Import aus den Entwicklungsländern Asiens, Afrikas und Iberoamerikas mit dem Import aus den EWG-Ländern! – Die BRD importiert aus den Entwicklungsländern nur halb so viel wie aus den Partnerländern der EWG.
3. Wie groß ist der Anteil der Ostblockländer am Import der BRD? – 4/70, d.h. etwa 6 % des gesamten Imports der BRD.
Die Tabelle S. 202 rechts oben macht deutlich, wieviel vom Export der Entwicklungsländer Afrikas, Asiens und Iberoamerikas in die OECD-Länder geht und wie wenig für den Handel der Entwicklungsländer untereinander und mit dem Ostblock übrigbleibt. Vorschläge für aufschließende Fragen erübrigen sich. Die Tabelle S. 202 links unten zeigt, welche Bedeutung die BRD als Absatzgebiet für die ausgewählten Industriestaaten und für den Export der ausgewählten Entwicklungsländer besitzt. Besondere aufschließende Fragen erübrigen sich.
Ergebnis: Die Niederlande setzen über 1/4 ihrer Exportwaren in der BRD ab, Frankreich 1/5, keines der Länder bleibt unter 1/8. Für die Entwicklungsländer ist der Markt der BRD nicht so überragend. Aber die BRD steht dank ihrer großen Konsumentenzahl und ihres hohen Lebensstandards stets unter den ersten Abnehmern für Genußmittel. Die Tabelle S. 203 zeigt das für einzelne Güter.

203   Tabelle:
unten   Unter den Abnehmern von Kakao, Kaffee und Bananen steht die BRD unter den europäischen Ländern an erster Stelle. Die USA mit dreifacher Konsumentenzahl stehen vor der BRD. Bei Kakao ist die Zahl für die USA 360 000 t; gemessen an der Einwohnerzahl importieren die USA also weniger als die BRD. Lösung der Aufgaben S. 203 unten:
1. Über 73 %, d.h. fast 3/4.
2. Nur dank dem Wohlstand der Konsumenten in den OECD-Ländern können die Kakaoländer so viel auf dem Weltmarkt absetzen und die Kakaobauern entsprechend viel anbauen.
3. Die BRD nimmt allein 12 % ab. Die gesamte Welt außerhalb der OECD, d.h. alle anderen Ent-

wicklungsländer, der gesamte Ostblock, außerdem auch noch Australien, Neuseeland und Südafrika nehmen zusammen nur 28 % ab.

4. Die OECD-Länder nehmen von allen auf den Weltmarkt kommenden Bananen 89 % ab, die übrige Welt nur 11 %.

5. Die BRD nimmt über 12 % aller auf den Weltmarkt kommenden Bananen ab, d.h. mehr als alle Länder außerhalb der OECD zusammen.

6. Knapp 10 %.

7. Die EWG nimmt etwa 28 % ab, d.h. fast dreimal so viel wie alle Ostblockländer, alle Entwicklungsländer und Australien, Neuseeland und Südafrika zusammen.

203   Tabelle:

oben   1. 17,4 Mrd. DM.

2. Das Verhältnis des Importes von industriellen Fertigwaren zu Nahrungs- und Genußmitteln und zu Rohstoffen ist 20 : 17 : 12 (oder etwa 10 : 8,5 : 6). Der Import von industriellen Fertigwaren ist also weit größer als der Import der beiden anderen Warengruppen. Es ist eine Besonderheit der hochindustrialisierten Staaten, daß sie untereinander industrielle Fertigwaren in großen Mengen austauschen.

3. Fertigwaren etwa 20/70 oder 30 %, Nahrungsmittel 17/70 oder etwa 24 %. Die wichtigsten Handelspartner sind die Industriestaaten.

4. Der Import allein an industriellen Fertigwaren in die BRD ist viermal so groß wie der gesamte Import Spaniens. Allein der Fertigwarenimport der BRD entspricht 60 % aller Importe ganz Afrikas.

204   Kartogramm:

Den Fragen des Verkehrs konnte kein eigener Abschnitt gewidmet werden, obgleich gerade diese Fragen in der Öffentlichkeit sehr diskutiert werden. Das Kartogramm S. 204 soll die Möglichkeit bieten, diese Fragen aufzugreifen; wir beschränken uns hier auf den Güterverkehr auf der Schiene und auf der Straße. Im Bd. 5 sind mehrere Kartogramme zum Verkehr zu Wasser enthalten (S. 25 Umschlag am Oberrhein; S. 26 Umschlag auf dem Neckar und Main und der Durchgang durch die Schleusen, die die Verbindung zum Rhein herstellen; S. 146 Binnenschiffahrtsverkehr auf den nordwestdeutschen Wasserstraßen; S. 147 Rhein-Main-Donau-Großschiffahrtsweg; S. 77 Güterumschlag der Nordseehäfen und der Umschlag der Bundesländer über den Hafen Hamburg). Diese Abschnitte des Bandes 5 können die Grundlage für Schülerberichte geben. Zusammen mit dem hier vorliegenden Kartogramm ergeben sie eine Fülle von Fakten und die Möglichkeit zur Einsicht in die Fragen des Wettbewerbs. Die Schüler sollen die gewaltigen Unterschiede des Verkehrsaufkommens in den Industrierevieren und in den weniger industrialisierten Landschaften erfassen; sie sollen das Zahlenverhältnis der Güter erfassen, die auf die einzelnen Verkehrsträger entfallen. Schließlich sollen sie die finanzielle Belastung des Eisenbahn- und Schiffsverkehrs durch die große Differenz zwischen Entladungen und Beladungen und die weit günstigere Struktur des Straßengüterverkehrs erkennen. Die Ballung der Signaturen für Entladungen und Beladungen zeigt zugleich, in welchen Landschaften die Straßen besonders belastet werden und in welchen Gebieten davon kaum die Rede sein kann.

Einen Einstieg in die Behandlung des Verkehrs bieten die Berichte der Schüler über ihre Teilaufgaben. Die wichtigsten Kartogramme sollten den Schülern dargeboten werden, möglicherweise in Form von Dias, die nebeneinander projiziert werden. – Gesichtspunkte, unter denen die Schüler an die Unterlagen herangehen sollten (Hinweis: Die Kartogramme des Bandes 5 sind durch Fragen erschlossen): a) Verkehrsarme und verkehrsreiche Gebiete; sie sind für alle Verkehrsträger annähernd die gleichen. b) Wo ist der Schienenverkehr überragend, wo der Straßenverkehr? – Eisenbahnverkehr in Nordwest-, Straßenverkehr ist in Süddeutschland relativ bedeutender. c) Bei welchen Verkehrsträgern müssen besonders viele Fahrzeuge leer zurückfahren, weil das Verhältnis zwischen Be- und Entladungen ungünstig ist? – Beim Schienen- und Schiffsverkehr. Beim Straßengüterverkehr ist das Verhältnis dagegen ausgeglichener. Der Kfz-Verkehr ist offenbar anpassungsfähiger. Er ist zudem nicht durch die Transportpflicht belastet. Dieser Frage sollte besonders beim Neckarverkehr (Bd. 5, S. 26) und beim Verkehr auf den nordwestdeutschen Wasserstraßen (Bd. 5, S. 146) sowie bei den deutschen Seehäfen (S. 77) nachgegangen werden.

86

Ziel:
Die Probleme der Wiedervereinigung werden in diesem Buch fast ausschließlich aus wirtschaftlicher und wirtschaftspolitischer Sicht gesehen. Wenn die Schüler erkennen, welche Bedeutung die DDR für die SU und den gesamten Ostblock besitzt, und wenn sie sich in die Interessen der SU hineindenken, werden sie die Bedeutung dieser Frage erkennen. Sie werden damit vor einem vorschnellen geringschätzigen Urteil über die DDR bewahrt. Anschließend an diese wirtschaftspolitische Betrachtung werden die Gesichtspunkte der militärischen Sicherheit des Ostblocks aus dessen Sicht und die Frage der Aussicht, eine Selbstbestimmung durchsetzen zu können, kritisch betrachtet.

Vorbereitung: Alle Schüler bereiten den Text S. 205 – 206 vor. Schülergruppen berichten a) über den Außenhandel der Ostblockstaaten nach dem Diagramm S. 79, b) über den Abschnitt „Die Industrialisierung" der Ostblockstaaten nach dem Text S. 80, c) über den Handel des Ostblocks mit den Entwicklungsländern nach Tabelle S. 80 und Text S. 79 und S. 201.

Einstiegsmöglichkeiten:
1. Berichte der Schülergruppen über ihre Aufgaben.
2. Bericht über die Texte.

206 Tabelle:
Vorschläge zur Erschließung:
1. Welche Städte sind als reine Industriestädte zu bezeichnen, wenn wir die Gemeinden dazu zählen, in denen mindestens 60 % der Erwerbstätigen in der Industrie und im Handwerk arbeiten? – Marl (ein großes Werk der Chemie), Salzgitter (ein großes Werk der eisenschaffenden Industrie, Eisenerzbergbau), Rüsselsheim (Opelwerke), Rheinhausen (Eisenhüttenindustrie, Maschinen- und Stahlbau, Bergbau), Duisburg (Summe von Stadtteilen, die den Wohnbezirk eines großen Werkes darstellen).
2. Weshalb ist die Eingruppierung von Duisburg in die Gruppe der reinen Industriestädte verwunderlich? – Man erwartet, daß in den Häfen viel mehr Menschen arbeiten, die zu der Gruppe Dienstleistungen, Handel und Verkehr gehören. Es sind jedoch die großen Industriebetriebe, die die Zusammensetzung der Erwerbstätigen der Stadt entscheidend bestimmen, nicht die Häfen. (Vgl. dazu Bd. 5, S. 143.)
3. In welchen Städten haben die im tertiären Bereich Tätigen einen höheren Anteil als 60 %? – In Bad Kissingen, Garmisch-Partenkirchen, Bonn, Husum, Trier, Paderborn. Es kann kein Zweifel darüber bestehen, daß Bad Kissingen, Trier und Bonn in ihrer sozialen Zusammensetzung nicht in die gleiche Gruppe gehören.
4. Welche Städte nähern sich der Prozentzahl 60 im tertiären Sektor?
Hamburg, Heidelberg, München, Mainz.
Eine weitere Aufgliederung der beiden Bereiche würde zusätzliche Gesichtspunkte für eine Gliederung der Städte in bestimmte Typen liefern. In Bd. 5, S. 143 werden Beispiele dazu geboten. Weiteres Material liefert das Statistische Jahrbuch deutscher Gemeinden, Jahrgang 1963, S. 428 – 434 und S. 434 – 441.

Die deutschen Städte 207 – 214

Ziel des gesamten, mehrere Unterrichtseinheiten umfassenden Abschnittes:
1. Einsicht in die Unterschiede zwischen der Stadt des Mittelalters und der Stadt des Industriezeitalters.
2. Die Schüler sollen die verschiedenen Stadttypen der Gegenwart aufgrund der Berufsgliederung der Einwohnerschaft erfassen.

3. Schließlich sollen sie erkennen, daß der Wohlstand der Stadt des Industriezeitalters weder vom Reichtum der ländlichen Umgebung noch von der Nähe von Bodenschätzen noch von der Lage im Fernstraßennetz abhängt, sondern daß gänzlich andere Gründe über Reichtum oder Armut einer Stadt entscheiden, Gründe, die wir nur als „Zufälligkeiten des Steuerrechts" kennzeichnen können. Jedoch sind die Steuereinkünfte, die eine Stadt reich machen, ein Faktor, der geographische Auswirkungen auf das Bild der Stadt und einen weiten Umkreis hat.

Zusätzliche Information: Diese „Zufälligkeiten" beruhen darauf, daß unsere Steuergesetzgebung und die Verteilung der Steuereinkünfte auf Gemeinden, Länder und Bund aus einer vergangenen Zeit stammen. Es seien hier einige Beispiele genannt, die es dem Lehrer möglich machen, diese Frage zu verdeutlichen. Es gibt keinen Grund, der etwa in einem unterschiedlichen Fleiß der Bevölkerung oder in ihrer unterschiedlichen soziologischen Zusammensetzung läge, daß die folgenden Gegensätze bestehen: 1962 betrugen die Gemeindesteuern pro Einwohner in ausgewählten Gemeinden einiger Länder (an erster Stelle stets die steuerstärkste unter den größeren Gemeinden):

Baden-Württemberg	Sindelfingen	1 004 DM
	Stuttgart	390 DM
	Rastatt	195 DM
Hessen	Rüsselsheim	638 DM
	Frankfurt	454 DM
	Marburg	141 DM
Niedersachsen	Wolfsburg	645 DM
	Lüneburg	174 DM
	Delmenhorst	154 DM
Nordrhein-Westfalen	Leverkusen	568 DM
	Herne	165 DM
	Recklinghausen	153 DM
Rheinland-Pfalz	Ludwigshafen	515 DM
	Trier	156 DM
Schleswig-Holstein	Ahrensburg	256 DM
	Lübeck	224 DM
	Eckernförde	112 DM
Bayern	Schweinfurt	459 DM
	Rothenburg o.d.T.	156 DM
	Eichstätt	116 DM

Sollten die Gemeinden im Zuge der Neuverteilung der Steuereinkünfte einen Anteil an der Einkommensteuer erhalten, so ergäben sich neue Ungereimtheiten. Die hochbezahlten Direktoren großer Werke wohnen oft nicht in der Gemeinde, die der Standort des Werkes ist, sondern in einer im Grünen gelegenen Wohngemeinde. Heute haben solche Wohngemeinden nichts davon, daß in ihr Menschen mit sehr hohem Einkommen wohnen, denn die Gemeinden erhalten von der Einkommensteuer nichts. Wird den Gemeinden dagegen ein Anteil an der Einkommensteuer zugeteilt, so werden solche Wohngemeinden im Grünen plötzlich wohlhabend werden, obgleich sich an der Zusammensetzung der Wohnbevölkerung nichts geändert hat. Bekommen die Gemeinden einen Anteil an der Mehrwertsteuer zugebilligt, so haben die Wohngemeinden davon wiederum kaum etwas, wohl dagegen die zentralen Einkaufsstädte mit großen Kaufhäusern und hohem Umsatz des Einzelhandels.

207 – **Erste Unterrichtseinheit:**
212 **Die Stadttypen**

Einstiegsmöglichkeiten:
1. Bericht über den Text S. 207 – 208; anschließend Analyse der Tabelle S. 206.
2. Nach häuslicher Vorbereitung der Seiten 208 – 212 Bericht über die dargebotenen Stadttypen. Die Tabelle der Berufsgliederung S. 206 dient dazu, diese Typen statistisch zu bestätigen.
3. Ausgehend von einer Analyse des Schulortes, dessen Berufsgliederung von der Stadtverwaltung zu erfahren ist, gelangt man zu den übrigen Stadttypen.

4. Ausgehend vom optischen Bild einer Stadt und der Stadtviertel mit ihren verschiedenen Funktionen kommt man zur Einsicht in die Vielseitigkeit einer einzigen Stadt. Von da aus ist der Übergang zu den Stadttypen einfach. Einzelne Stadtteile repräsentieren einen der aufgeführten Typen, die Stadt als Ganzes dagegen bildet zusammen einen anderen Typ. Besonders geeignet für Großstadtschulen.

5. Der Unterricht geht von Dias aus, also vom optischen Eindruck, der im Unterrichtsgespräch zur Gliederung in Typen führt. Der Schnitt durch Bremen gibt einen Anhalt.

Zusätzlicher Hinweis: Im Unterricht sollte nicht viel Zeit dafür aufgewendet werden, nach den Zeugnissen der Vergangenheit zu suchen. Es muß den Schülern klar werden, daß die seit dem Mittelalter bis in die jüngste Gegenwart gültigen Charakteristika von Dorf und Stadt nicht mehr gelten. Die Polarität zwischen dem Dorf als einem Wohnort von Menschen, die vornehmlich im primären Bereich arbeiten, und der Stadt als einem Wohnort, in dem fast alle Menschen im sekundären und tertiären Bereich tätig sind, ist ohne große Einschränkungen nicht mehr aufrechtzuerhalten. Die Dörfer haben sich in der Zusammensetzung ihrer Bewohner den Städten sehr genähert, wie der Abschnitt S. 194 – 197 zeigt. Der Gesetzgeber hat daraus bereits in den dreißiger Jahren die Konsequenz gezogen: Die Gemeindeordnung kennt keinen Unterschied zwischen Städten und Dörfern mehr, sie kennt nur noch Gemeinden. Die Bezeichnung „Stadt" bedeutet für viele Gemeinden nicht mehr als einen Titel. Wir sollten uns aber nicht zu eng auf die Erwerbstätigkeit beschränken. Es darf nicht geleugnet oder unterschlagen werden, daß es eine spezifisch städtische Lebensform gibt, die gerade die Jugend heute fasziniert: Dazu gehören elegante Einkaufsstraßen mit großen Schaufenstern, Cafés und die vielen Formen von Gast- und Unterhaltungsstätten, die einen für die Alten, die anderen ausschließlich für die Jungen. Dazu gehört für die Jungen die große Zahl von Gleichgesinnten, die genügend Muße haben, um in neuen Formen zusammenkommen zu können. Versuchen wir, die Städte nach solchen Kriterien zu klassifizieren, so erweisen sich die Metropolen (etwa München oder Berlin) und die Universitätsstädte als besonders attraktiv im Gegensatz zu den reinen Industriestädten.

210/211 Querschnitt durch Bremen

als Beispiel für eine alte, in den letzten 100 Jahren industrialisierte Stadt. Es sollte ein Plan von Bremen herangezogen werden, zumindest Diercke 4 III. Besser wird der Plan im Deutschen Generalatlas oder im Shell-Atlas oder ein anderer Stadtplan benutzt. Es empfiehlt sich, davon ein Dia herzustellen. Weiterhin wird empfohlen, zusätzlich zu den vier Bildern des Buches ausgewählte Dias zu benutzen.

Ziel:
Bremen soll als Beispiel für eine alte Stadt dienen, die im Laufe der letzten hundert Jahre im Zuge der Industrialisierung durch neue Stadtteile auf das Vierfache der alten Fläche erweitert worden ist. Die Schüler sollen aus dem Querschnitt und den Bildern die zeitliche Abfolge der Stadterweiterungen am Siedlungsbild erkennen, Vermutungen aussprechen und diese Vermutungen überprüfen. Sie sollen nach diesem Beispiel andere, ihnen näher liegende Städte betrachten.

Einstieg:
Ohne häusliche Vorbereitung wird das Thema im Unterricht behandelt. Mit Hilfe der Bilder, des Querschnittes und des Stadtplanes werden die einzelnen Stadtteile in ihrer Funktion innerhalb der Gesamtstadt herausgearbeitet. Hierzu sei zusätzlich auf den Atlas von Niedersachsen und den Luftbildatlas Niedersachsen verwiesen.

Weitere Durchführung des Themas:
Schülergruppen bearbeiten in ähnlicher Form Querschnitte durch andere Städte, möglichst solche, die sie aus persönlicher Anschauung kennen. Die Auswahl kann durch selbst beschafftes Arbeitsmaterial bestimmt werden. Die vorhandenen Topographischen Atlanten der Länder und die zugehörigen Luftbildatlanten sind die besten Unterlagen für die Schüler. Auswertbar ist jeder Stadtplan, besonders hingewiesen sei auf die Stadtpläne im Deutschen Generalatlas, im Shell-Atlas und in anderen Autoatlanten.

Zusätzliche Informationen für den Lehrer:

1. Die Altstadt: im Querschnitt schwarz gezeichnet, erscheint im 3. Bild der Reihe. Die Silhouette wird durch die spitzen Türme der mittelalterlichen Kirchen bestimmt – wie bei allen alten Städten. Vor dem doppeltürmigen Dom der Marktplatz mit dem alten Rathaus und dem modernen Bau der Bürgerschaft sowie einer Reihe schöner alter Giebelhäuser an der NW-Seite. Der Marktplatz wird zu den besonders schönen alten Platzanlagen gezählt.

2. Die Neustadt links der Weser. Auf Bild 2 ist zu erkennen, daß von der Altstadt her eine Straße über eine Weserbrücke zu den jüngeren Stadtteilen führt. Unmittelbar an der Weser die Neustadt, die um 1600 angelegt wurde, als die Bürger die alte Stadtmauer durch eine breite Anlage von Erdwällen mit Wassergräben und Bastionen ersetzten, wie es damals viele Städte taten. Damit waren die Städte für mindestens zwei Jahrhunderte in den Raum innerhalb der Wälle eingezwängt. Die Neustadt wurde nicht so rasch besiedelt, wie es die Bürger angenommen hatten. 1802 entschlossen sich die Bremer, die Wallanlagen zu schleifen. Die Altstadt rechts der Weser, erhielt damals den Ring von Grünanlagen, der den Namen „Am Wall" trägt. Die Wallanlagen um die Neustadt links der Weser wurden dagegen eingeebnet, sind aber heute noch im Stadtplan zu erkennen. Die Neustadt wurde im vorigen Jahrhundert Sitz der Hafenindustriebetriebe: Kaffeeröstereien, tabakverarbeitende Fabriken, Brauereien.

3. Die Südervorstadt (Bild 2), bis 1875 ein von parallelen Kanälen durchzogenes Stück Marschland, wurde zu der neuen Wohnstadt des letzten Viertels des vergangenen Jahrhunderts, in dem in vielen Städten die häßlichen Mietskasernenstraßen mit einer Folge von Hinterhäusern hinter dem an der Straße gelegenen Gebäude gebaut wurden. Das Luftbild zeigt die enge Bebauung der damaligen Zeit auch in Bremen, es zeigt aber auch Grünstreifen zwischen den Häuserzeilen, die anderwärts gänzlich fehlen. In der Südervorstadt entstanden vielmehr ein- bis dreistöckige schmale Einfamilienhäuser, oft nur ein Zimmer breit. Vor und hinter dem Haus ein kleiner Garten. Es siedelten sich Bürger mit geringen Ansprüchen an Größe oder gar Repräsentativität ihrer Häuser an. Diese Stadt der Eigenheime wurde schon damals mit Hilfe von Genossenschaften errichtet.

4. Die Siedlung „Neue Vahr" zeigt die jüngste Stadterweiterung Bremens nach Osten hin. Die Neue Vahr hat 10 000 Wohnungen für 40 000 Menschen, die meist in hohen Miets- oder Eigenheimbauten wohnen. Zu dieser völlig geplanten Stadt gehören die vielen selbstverständlichen Versorgungsanlagen: sechs Schulen, ein Gymnasium, vier Kirchen, Säuglingsheime, Kindergärten, Jugendheime, Hallenbad, Fernheizwerk, dazu selbstverständlich ein Einkaufszentrum mit Post, Banken, Reisebüros, Gaststätten, Cafés. Die Stadt ist durch Autostraßen großzügig erschlossen, zu den Wohnhäusern führen Fußgängerwege, die von den Autostraßen getrennt sind. Die Bewohner erreichen ihre Arbeitsplätze auf den breiten Autostraßen in kürzester Zeit. Der einzelne Bürger hat nicht mehr sein eigenes Gärtchen, sondern alle Gebäude sind von einem „Kollektivgrün" umgeben, für dessen Pflege die Genossenschaft sorgt.

5. Bild 1 zeigt einen Ausschnitt aus den Hafenanlagen. Sie liegen heute – anders als in Hamburg – nicht unmittelbar vor der Altstadt, sondern weiter weserabwärts unterhalb der Eisenbahnbrücke. Vgl. dazu einen Stadtplan oder wenigstens Diercke 4 III.

212 –
214

Zweite Unterrichtseinheit:
Reiche und arme Städte im Industriezeitalter

Ziel:

Vgl. Punkt 3 Seite 88 dieses Lehrerheftes.

1. Einsicht in die Quellen des Wohlstandes der Stadt der Gegenwart.
2. Die Schüler sollen erkennen, wie die derzeitige Verteilung der Steuereinkünfte gesetzlich geregelt ist und welche erstaunlichen Gegensätze in den Steuereinkünften der Gemeinden sich daraus ergeben.
3. Durch diese Überlegungen sollen sie zu der Einsicht in die Notwendigkeit einer Neuverteilung der Steuern kommen und zugleich einige Schwierigkeiten sehen, die sich bei jeder Form der Neuverteilung ergeben müssen.

Vorbereitung: Alle Schüler bereiten den Text S. 212 – 214 vor. Schülergruppen werten die Tabelle S. 212 aus.

Einstiegsmöglichkeiten:
1. Analyse der Tabelle S. 212. Die Gegenüberstellung Rüsselsheim – Rheinhausen, Wolfsburg – Husum und Düsseldorf – Essen muß die Schüler zum Nachdenken veranlassen.
2. Wer mehr für einen optisch wirksamen Einstieg ist, kann zum Beispiel das Rathaus einer jungen reichen Stadt dem Rathaus einer im Mittelalter reichen, heute aber armen Stadt und schließlich das Rathaus einer Stadt, die vor 1914 als Industrie- oder Bergbaustadt reich war, heute aber zu den armen Städten gehört, gegenüberstellen. Beispiele solcher Städte sind etwa: Marl, Rothenburg o.d.T., Bottrop, Herne.
Man kann auch Bilder der Fabrikhallen oder der Verwaltungsgebäude von Industriebetrieben, die um die Jahrhundertwende reich waren, es heute aber nicht mehr sind, Werken der modernen Wachstumsindustrie gegenüberstellen. Beispiele: Verwaltungsgebäude etwa von Bayer, BASF – Verwaltungsgebäude alter Zechengesellschaften.

212 Tabelle:
1. a) Mehr als 500 DM: Rüsselsheim, Wolfsburg, Leverkusen; b) weniger als 300 DM: Essen, Rheinhausen, Bad Godesberg, Husum; c) 300 – 500 DM: Marl, Hannover, Düsseldorf, Stuttgart, München.
2. Die Städte der Gruppe a) (nach Aufgabe 1) werden an dem heutigen Verteilungsschlüssel festhalten wollen, die der Gruppe b) werden nach einem neuen Verteilungsschlüssel streben.
3. Die steuerstarken Gemeinden konnten Kredite aufnehmen, da ihre Steuerkraft den Kreditgebern Sicherheit bot. Diese Verschuldung hemmt die Neuverteilung der Steuereinkünfte, die den reichen Gemeinden eine Minderung ihrer Einkünfte bringen, zugleich aber auch die Sicherheit für die von ihnen aufgenommenen Schulden mindern müßte, wogegen die Kreditgeber protestieren würden.

213 Diagramm:
Siehe Lehrerheft S. 96.

214 Tabelle:
Sie gehört zum Text S. 221 – 223. Siehe Lehrerheft S. 97.

Zusätzliche Informationen:
Weiteres Material zum Problem des Steueraufkommens enthält die Tabelle S. 218, wo die alten Gemeinden Krombach (500 DM Steueraufkommen pro Einwohner) und Fellinghausen (100 DM Steueraufkommen pro Einwohner) bei etwa gleicher Einwohnerzahl, ähnlicher Berufsstruktur (60 % und 63 % im sekundären Bereich) nebeneinanderstehen.

Zum Thema Gemeindesteuern:
1. Gewerbesteuern werden erhoben a) nach dem Ertrag und Kapital des Betriebes, b) nach der Lohnsumme der Beschäftigten.
Beispiele für die Unterschiede

| | Gewerbesteuer in DM/Einwohner 1962 | | |
	nach Ertrag und Kapital	nach der Lohnsumme	insgesamt
Rüsselsheim (Autoindustrie)	544	128	672
Wolfsburg (Autoindustrie)	517	96	613
Marl (Chemie)	308	75	383
Rheinhausen (Eisen, Stahl, Kohle)	109	69	178
Wanne-Eickel (Kohle)	90	40	130

2. Zusammensetzung der Gemeindesteuern am Beispiel Frankfurts und Ludwigshafens in 1000 DM 1965:

	Frankfurt	Ludwigshafen
Grundsteuern	36 092	7 703
Gewerbesteuer nach Ertrag und Kapital	277 167	85 047
Lohnsummensteuer	45 724	11 441
Grunderwerbssteuer und Wertzuwachssteuer	8 966	2 315
Getränkesteuer	6 509	2

	Frankfurt	Ludwigshafen
Vergnügungssteuer	3 790	379
Hundesteuer	870	225

3. Weitere Informationen bietet das Statistische Jahrbuch deutscher Gemeinden 1963, S. 301 ff. und S. 294 ff. Darin kann sich jeder über die Gemeinden der näheren Umgebung informieren oder über Gemeinden, die den Schüler des Schulortes besonders interessieren. Es werden nur Gemeinden mit mehr als 10 000 Einwohnern genannt (Stand von 1962).

4. Beispiele von kleineren Gemeinden Nordrhein-Westfalens mit hoher Realsteuer (Gewerbesteuer und Grundsteuer):

	Einwohnerzahl	Realsteueraufkommen 1965
Parsit (bei Werl/Westf.)	334	2 236 DM/Einwohner
Frimmersdorf	4 872	1 128 DM/Einwohner
Lammersdorf	1 658	1 023 DM/Einwohner
Rheinberg	12 000	636 DM/Einwohner
Zum Vergleich: Düsseldorf	692 000	404 DM/Einwohner

215 – Dritte Unterrichtseinheit:
218 Die Neuordnung der Gemeinden als Zukunftsaufgabe

Ziel:

1. Die vorangehenden Betrachtungen über die deutschen Gemeinden müssen zu der Einsicht in die Notwendigkeit einer Neuordnung führen.

2. Die Schüler müssen die Schwierigkeiten der Verwaltung in kleinen Gemeinden und die Unmöglichkeit erkennen, alle Aufgaben zu erfüllen, die der Bürger heute billigerweise von der Gemeinde fordert.

3. Die Gründung von Zweckverbänden und die Zusammenfassung kleiner Gemeinden zu Großgemeinden müssen als Möglichkeiten einander gegenübergestellt werden.

4. Am Beispiel der Neuordnungsgesetze sollen die projektierten großen Gemeinden des Typs A (30 000 Einwohner) mit den Aufgaben eines Zentralen Ortes gegenüber den umliegenden Gemeinden vom Typ B mit etwa 8000 Einwohner erfaßt werden.

5. Bei der Neuordnung der Umgebung bereits bestehender großer gewerblicher Gemeinden sollen die Begriffe Kerngebiet – verstädterte Zone – Randzone auf der Basis der Berufsgliederung der Einwohner erfaßt und möglichst auf Beispiele der näheren Umgebung angewendet werden.

Solche Grundkenntnisse über die altüberkommene Ordnung der Gemeinden und über die Pläne zu einer völligen Neuordnung, die weit größere Gemeindeeinheiten schaffen soll und jeder dieser neuen Gemeinden bestimmte Funktionen zuweist, sind nötig, damit die Schüler an den künftigen Diskussionen überhaupt teilnehmen können. Je kleiner die Gemeinde ist, um so stärker wird sie von der Neuordnung betroffen werden. Damit nicht der Eindruck einer Konstruktion am grünen Tisch entsteht, sind zwei Beispiele bereits durchgeführter Neuordnungen gebracht worden. Es geht dabei nicht um das spezielle Beispiel, sondern um die hinter diesem Beispiel stehenden Prinzipien einer Neuordnung.

Einstiegsmöglichkeiten:

1. Behandlung des Textes S. 215 – 216, den die Schüler in häuslicher Arbeit zur Kenntnis genommen haben.

2. Interpretation der als Beispiel beigegebenen Gesetzestexte, die dem Schüler zugleich die amtliche Sprache darbieten.

3. Analyse der Tabelle S. 218.

4. Gesetzestexte, die aus dem eigenen Bundesland stammen und nach Möglichkeit dem Schulort nahegelegene Gebiete betreffen.

Zu jedem Einstieg sollte zumindest der Text S. 215 – 216 zur Kenntnis genommen worden sein.

218 Tabelle:
1. Nein.
2. Krombach gehen über eine halbe Million DM verloren, also über die Hälfte seiner bisherigen Einkünfte. Fellinghausen dagegen gewinnt 270 000 DM, also fast 140 % seiner bisherigen Einkünfte.
3. Ja. Die Großgemeinde Kreuztal muß die einkommenden Steuern den einzelnen Ortsteilen gerecht zukommen lassen. Sie kann allerdings in jedem Jahr besondere Schwerpunkte setzen und Einrichtungen schaffen, die von den alten Gemeinden nie finanziert werden konnten (Gewerbesteuerausgleich vgl. S. 213).
4. Es gewinnen: Burgholdinghausen, Eichen, Fellinghausen, Ferndorf, Kreuztal, Littfeld.
5. In allen Gemeinden ist die Zahl der im sekundären Bereich Beschäftigten am höchsten, nur Kreuztal hat einen hohen Anteil am tertiären Bereich und ist damit zum zentralen Ortsteil vorbestimmt. In Burgholdinghausen und Osthelden ist der Anteil des primären Sektors noch sehr hoch, aber auch dort überwiegt er nicht mehr.

Kreise, Regierungsbezirke und Länder — 219 – 223
Die Neuordnung des Bundesgebietes

219 –
221

Erste Unterrichtseinheit:
Kreise, Regierungsbezirke und Länder

Ziel:
Die Erörterungen über die überalterte Struktur unserer Gemeinden und über die in Gang kommende Neuordnung führt folgerichtig zu der Frage nach den übergeordneten Einheiten, den Kreisen, Regierungsbezirken und Ländern, und zu der Einsicht in die Notwendigkeit, auch diese neu zu ordnen. Die Schüler müssen die folgenden Kenntnisse als Voraussetzung für jede Diskussion erwerben:
1. Der Kreis als übergeordnete Verwaltungseinheit, die eine große Zahl von Gemeinden umfaßt. Daneben: kreisfreie Städte. Der Kreis hat ein von der Bevölkerung gewähltes Parlament — den Kreistag oder die Kreisvertretung —, das den obersten Verwaltungsbeamten wählt (Landrat; Oberkreisdirektor). Der Regierungsbezirk, der eine größere Zahl von Kreisen umfaßt, ist eine Verwaltungseinheit ohne parlamentarische Vertretung. Der oberste Beamte wird, wie alle anderen Beamten der „Regierung", von der Landesregierung ernannt. Die Bezirksregierung ist also ein ausführendes Organ der Landesregierung.
2. Den Begriff Regierungsbezirk gibt es in fast allen Bundesländern (Ausnahmen: Schleswig-Holstein, Saarland), die Begriffe Kreis und kreisfreie Stadt in allen Bundesländern. Die Größenordnungen dieser Einheiten zeigen aber außerordentlich große Unterschiede. Allein diese Unterschiede fordern geradezu eine Neuordnung heraus.
3. Die in Gang kommende Diskussion und die bereits erfolgten Zusammenlegungen zeigen, daß die Länder getrennt vorgehen, da es sich ja um die innere Gliederung des Landes handelt. Es ist unwahrscheinlich, daß sich dabei eine Angleichung der Größenordnungen ergibt.
4. Die im eigenen Land diskutierte Neuordnung soll im Rahmen des gesamten Bundesgebietes gesehen werden und nicht als Einzelphänomen betrachtet werden.

Vorbereitung: Alle Schüler lesen den Text S. 219 – 221. Schülergruppen werten die Tabellen S. 219 und S. 220 aus und berichten über den Regierungsbezirk und Kreis des Schulortes und benachbarte Regierungsbezirke und Kreise.

Einstiegsmöglichkeiten:
1. Bericht über den Text S. 219 – 221; die Tabelle S. 220 dient zur Bestätigung des Textes.
2. Erörterung der Tabelle S. 220 über die unterschiedliche Größe von Verwaltungsbezirken, die unter dem gleichen Begriff zusammengefaßt werden.

3. Statt der genannten Tabelle des Buches: Vergleich von Kreisen, Regierungsbezirken, kreisfreien Gemeinden in der näheren Umgebung. Unterlagen bietet das Statistische Jahrbuch der BRD.

4. Lektüre eines inhaltsreichen Presseartikels, der die Fragen geschickt aktualisiert.

219   Tabelle:

(Druckfehlerberichtigung: In der ersten Spalte der Tabelle muß es statt „Saarbrücken" „Saarland" heißen.) Weshalb wehren sich viele Landkreise gegen die Entlassung kreiszugehöriger Städte in die Kreisfreiheit? – Die großen Städte, wie etwa Marl, erbringen hohe Steuereinkünfte. Der Haushalt des Landkreises würde einschneidend reduziert, wenn große Städte ausschieden. Auf seiten der Städte wird das Festhalten an der Kreiszugehörigkeit dann verständlich, wenn den betreffenden Städten als Zentralen Orten wesentliche Einkünfte aus der Funktion als Einkaufsstädte für den übrigen Kreis zufallen. Für neuzeitliche Industriestädte bedeutet die Bindung dagegen ein zusätzliches Abzapfen ihrer Steuerkraft zugunsten armer – meist agrarischer – Gemeinden.

220   Tabelle:

Weshalb wehren sich so viele Städte dagegen, daß ihnen die Kreisverwaltung oder Regierung, das Landgericht oder das Amtsgericht oder andere Behörden im Zuge einer Reform der Verwaltungsgliederung genommen werden? – a) Behörden verleihen der Stadt die Funktion eines Zentralen Ortes. Viele Bürger anderer Gemeinden müssen zu diesen Behörden kommen; dadurch gewinnt die Behördenstadt zugleich die Eigenschaft einer Einkaufsstadt. b) Die soziale Zusammensetzung und das kulturelle Leben werden wesentlich dadurch beeinflußt, daß in der Gemeinde viele Beamte und Angestellte leben, die eine gehobenere Bildung erworben und eine umfangreiche Berufsausbildung erfahren haben. Heterogeneität der sozialen Zusammensetzung fördert das geistige und kulturelle Leben. c) Bei einer Reform der Verwaltungsgliederung gewinnt die Stadt einen Vorsprung, die den Sitz der Verwaltung erhält, jene Stadt aber, die ihre Verwaltungsfunktion verliert, sinkt in ihrer Bedeutung. Es geht oft um Kleinigkeiten, die sich aber summieren, z.B.: Welche Stadt wird Eilzug- oder D-Zughaltestelle? Wieviele Buslinien gehen verloren, oder wieviele werden hinzugewonnen? Die Frage, ob der Ort ein Gymnasium besitzt, ist heute nicht mehr so ausschlaggebend wie noch 1960, da die Streuung der Gymnasien sehr viel dichter geworden ist. Aber bei der Frage, ob dieses Gymnasium auch die erforderlichen Lehrer bekommt oder gar eine große Zahl möglichst gut qualifizierter Lehrer gewinnen kann, spielt es eine große Rolle, was diese Stadt dem geistig Interessierten zu bieten hat.

221 – **Zweite Unterrichtseinheit:**
223   **Reiche und arme Länder — die Neuordnung des Bundesgebietes**

Ziel:

1. Die Schüler sollen sich mit dem Artikel 29 des Grundgesetzes auseinandersetzen.

2. Sie sollen auf der Grundlage der Steuereinkünfte der Länder die Notwendigkeit einer Neuordnung einsehen.

3. Sie sollen die Seltsamkeiten unserer Ordnung nicht nur durch die wenigen Beispiele des Buches, sondern anhand weiterer Beispiele, die den Schüler des betreffenden Schulortes interessieren und zusammengetragen werden, die heutige Situation erfassen.

4. Sie sollen erörtern, möglichst an Beispielen aus ihrem Raum, wie weit die Forderung des Grundgesetzes nach Berücksichtigung der landsmannschaftlichen Verbundenheit und der geschichtlichen und kulturellen Zusammenhänge neben den anderen Forderungen zu erfüllen sind.

5. Schließlich sollen sie am Beispiel der Gliederung Frankreichs in Départements und der DDR in Verwaltungsbezirke erfahren, wie verschieden die Grundprinzipien zwischen der BRD und den beiden Nachbarn sind.

Vorbereitung: Alle Schüler lesen den Text S. 221 – 233, Schülergruppen bearbeiten das Diagramm S. 213 und die Tabellen S. 214, S. 219, S. 220.

Einstiegsmöglichkeiten:
1. Besprechung des Textes; die Tabellen und das Diagramm bestätigen den Text.
2. Berichte der Schülergruppen über ihre Aufgaben; der Text bildet den Leitfaden, der die Einzelberichte gedanklich zusammenhält.
3. Verlesen und Besprechen eines aktuellen Textes aus der Tagespresse oder einer Zeitschrift zu diesem Fragenkreis. Die Fragen werden anschließend mit Hilfe der Tabellen und des Diagramms sowie mit Hilfe des Textes durchgesprochen.

Zusätzliche Informationen zum Steuerwesen in vereinfachter Form:
a) Die wichtigsten Steuerquellen sind die Lohnsteuer, die Einkommensteuer und die Körperschaftssteuer. Im Kern handelt es sich um die gleiche Steuer. Die Lohnsteuer wird von allen Arbeitnehmern gezahlt, die Einkommensteuer von allen Selbständigen und von den Lohnsteuerpflichtigen mit relativ hohem Einkommen. Die Körperschaftssteuer ist die Bezeichnung für die der Einkommensteuer entsprechende Zahlung von Gesellschaften, also nicht von Personen. Gesondert besteuert werden Einkünfte vom Kapital. Diese Gruppe von Steuern bringt etwa 4/10 oder 40 % aller Steuern ein. 63 % davon gehen an die Länder, 37 % an den Bund. Die Gemeinden bekommen davon nichts. Der Arbeitnehmer, der in einer Gemeinde wohnt, etwa ein Beamter, zahlt an seine Gemeinde keinerlei Steuer, es sei denn, er muß als Haus- oder Grundbesitzer Grundsteuern zahlen.
b) Die Mehrwertsteuer geht z.Z. vollständig an den Bund. Weder Länder noch Gemeinden haben daran einen Anteil. Die Mehrwertsteuer bringt dem Bund die Hälfte aller Steuereinnahmen ein.
c) Weitere Bundessteuern nach der Wichtigkeit: Mineralölsteuer 8 Mrd. DM – Tabaksteuer 5 Mrd. DM – Zölle 2,8 Mrd. DM – Branntweinmonopol 1,8 Mrd. DM – Kaffeesteuer 0,95 Mrd. DM.
d) Für die Länder ist der wichtigste Posten der Anteil an der Lohn-, Einkommen- und Körperschaftssteuer. Gesamtsteuern 1967 34,9 Mrd. DM, davon der genannte Anteil 27 Mrd. DM. Es folgen die Kfz-Steuer mit 3 Mrd. DM, die Vermögenssteuer mit 2 Mrd. DM, die Biersteuer mit 1 Mrd. DM. Die Vereinbarungen zwischen Bund und Ländern im Jahre 1969 bringen insofern eine größere Gerechtigkeit in der Verteilung der Ländersteuern, als in Zukunft Großbetriebe ihre Körperschaftssteuer nicht mehr am Sitz der Zentrale abführen, sondern in den jeweiligen Bundesländern, in denen die Steuer tatsächlich verdient wird. Für den Bund ist es gleich, ob er seinen Anteil über Wiesbaden, München oder Kiel bekommt. In Zukunft werden also beispielsweise die Körperschaftssteuern der Deutschen Bank, der Dresdner Bank und der Bank für Gemeinwirtschaft nicht mehr insgesamt nach Wiesbaden fließen, so daß Hessen nicht mehr die gesamte Körperschaftssteuer erhält, die in anderen Bundesländern verdient wird. Das Volkswagenwerk, das beispielsweise Zweigbetriebe in Hessen hat, wird nicht mehr die gesamte Körperschaftssteuer an Niedersachsen abführen. Die großen Differenzen bei den Gemeindesteuern werden dadurch nicht berührt.
e) Die Gewerbesteuer wird nach zwei Kriterien erhoben: a) nach Ertrag und Kapital, b) nach der Lohnsumme. Die gewaltigen Unterschiede der Gewerbesteuereinkünfte in verschiedenen Gemeinden beruhen auf den Gewerbesteuern nach Ertrag und Kapital, wie die Tabelle Lehrerheft S. 91 zeigt.

Landessteuereinnahmen pro Einwohner 1967

	Einwohnerzahl in Millionen	Landessteuern DM/Einwohner	Bundessteuern Mill. DM	Bundessteuern DM/Einwohner
Schleswig-Holstein	2,5	424	1 974	750
Niedersachsen	7	452	5 231	747
Nordrhein-Westfalen	17	640	17 557	1 033
Hessen	5,3	720	4 535	856
Rheinland-Pfalz	3,6	452	2 580	716
Baden-Württemberg	8,5	686	8 011	942
Bayern	10,3	553	8 021	778
Saarland	1,1	420	656	596
Hamburg	1,8	1 212	9 036	5 020
Bremen	0,75	788	1 741	2 321
Berlin-West	2,2	405	3 754	1 706

Vorschläge zur Erschließung:

Bemerkung: Die Rechnung mit Hilfe des Diagramms S. 213 erfordert unverhältnismäßig viel Zeit. Deshalb werden diese Rechnungen für eine sinnvolle Auswertung hier geboten. Im Diagramm werden die Zahlen für 1966 verwendet, hier die Zahlen von 1967.

1. Welche Länder sind gemäß Spalte 2 reich, welche arm? – Reich: Hamburg, Bremen, Hessen, Baden-Württemberg, Nordrhein-Westfalen. Arm: Saarland, Schleswig-Holstein, Niedersachsen, Rheinland-Pfalz, Berlin-West.

2. In welchen Ländern hat der Bund die höchsten Steuereinkünfte, und zwar a) absolut, b) pro Einwohner des betreffenden Landes? – a) Nordrhein-Westfalen, Hamburg, Bayern, Baden-Württemberg; b) Hamburg, Bremen, Berlin-West, Nordrhein-Westfalen.

3. In welchen Ländern ist das Bundessteueraufkommen pro Einwohner sehr gering? – Im Saarland, in Rheinland-Pfalz, Niedersachsen, Schleswig-Holstein, Bayern.

4. Zahlen alle reichen Länder auch entsprechend hohe Steuern an den Bund, oder gibt es wesentliche Abweichungen? Benutze auch das Diagramm S. 213! – Ausnahmen sind: Berlin-West, das geringe Landessteuern einnimmt, aber viel an den Bund zahlt; Hessen, das hohe Landessteuern einnimmt, aber nicht entsprechend hohe Beträge an den Bund abführt.

5. Vergleichen Sie die absolute Höhe der Bundessteuern, die a) die drei Stadtstaaten, b) die Länder Schleswig-Holstein, Hessen, Rheinland-Pfalz und das Saarland zahlen! Vergleichen Sie auch die Einwohnerzahlen dieser Ländergruppen! – Die Stadtstaaten zahlen 14 531 Mill. DM, die vier genannten Länder 9 745 Mill. DM. Das Verhältnis der Einwohnerzahlen ist aber 4,8 : 12,5. Was erwarten der Bund und die armen Länder von den Bundesländern, von denen die höchsten Bundessteuern aufgebracht werden? Wie verhalten sich die reichen Länder? Die reichen Länder finanzieren die Bundesausgaben in relativ sehr hohem Maße. Sie sollen im vertikalen Finanzausgleich weitere Beträge an den Bund abführen, der seinerseits die armen Länder finanziell unterstützt. Die reichen Länder wollen die Beträge nicht an den Bund, sondern im horizontalen Ausgleich unmittelbar an die armen Länder abführen.

6. Stellen Sie aufgrund der Steuerzahlungen West-Berlins an den Bund die staatsrechtlichen Beziehungen zwischen Berlin und der BRD heraus! – In der öffentlichen Diskussion spielen diese Zahlungen keine Rolle, man spricht eher umgekehrt von der Berlinhilfe des Bundes. Denn dem Stadtstaat West-Berlin werden beträchtliche Steuerpräferenzen gewährt. Das Bundesfinanzministerium berechnet den Wert der Minderung des Steueraufkommens durch die Steuervergünstigungen in Berlin auf jährlich mehr als 2 Mrd. DM; davon gehen 1,14 Mrd. DM zu Lasten des Bundes, der Rest zu Lasten der Stadt Berlin. Im einzelnen handelt es sich um die folgenden Vergünstigungen. 1. Die Umsatzsteuerpräferenz für Berlin ergibt eine Minderung des Steueraufkommens um 700 Mill. DM zu Lasten des Bundes. 2. Für Investitionen, die in Berlin vorgenommen werden, gewährt das Finanzamt besondere Abschreibungen (bis zu 75 % im Jahr der Anschaffung), d.h., von dem einkommen- oder körperschaftssteuerpflichtigen Betrag können vor der Steuerberechnung erhöhte Beträge als nicht zu versteuernde Abschreibungen abgezogen werden. 3. Erhöhte Absetzungen für Wohngebäude. 4. Vergabe von Industrie- und Wohnbaukrediten. 5. Gewährung von Investitionszulagen. 6. Die Lohn- und Einkommensteuer wird für alle Steuerpflichtigen um 20 – 30 % ermäßigt. Da die Lohnsteuer zu 65 oder 63 % an den Bund fällt, verzichtet der Bund also auf wesentliche Steuereinnahmen.

7. Alle Arbeitnehmer in Berlin erhalten einen steuerfreien Betrag, der zusätzlich zum Lohn gezahlt wird. Diese Vergünstigungen sollen einerseits zu Investitionen in Berlin anregen, andererseits die Arbeitnehmer anreizen, einen Arbeitsplatz in Berlin entweder beizubehalten oder neu zu suchen. Denn Berlin leidet an der Überalterung seiner Bevölkerung und damit an einem akuten Mangel an Arbeitskräften.

Aufgrund der umfangreichen Steuervergünstigungen ist das Bundessteueraufkommen pro Einwohner in Berlin geringer als in den anderen beiden Stadtstaaten. Daß das Gesamtaufkommen an Bundessteuern aber trotzdem noch relativ hoch ausfällt, spricht für die hohe wirtschaftliche Potenz West-Berlins, die auch durch zahlreiche Abwanderungen von Industrien und Arbeitnehmern noch nicht entscheidend geschwächt wurde.

213 Diagramm:
Das Diagramm zeigt die prozentuale Verteilung aller in einem Bundesland einkommenden Steuern auf Bund, Land und Gemeinden. Links steht die Summe der in dem Land einkommenden Steuern